목회자가 쓴
한자풀이
100자
❷

| 윤용주 지음 |

쿰란출판사

머리말

이 책은 필자가 쓴 《목회자가 쓴 한자풀이 100자》의 제2권입니다. 우리말의 70퍼센트가 한자어라는 것은 잘 알려진 사실입니다. 한자의 속뜻을 찾는 것은 단어의 일상적이고 익숙한 의미를 벗어나 심층에 담긴 낯선 의미를 찾게 합니다. 그 낯설음은 전파하는 메시지에 신선함을 더할 것입니다.

《설문해자》를 1차 자료로 하고 기타 훈고학 서적을 참고하면서 보편적인 견해를 유지하고자 하였습니다. 또한 자료 활용을 위하여 중요 인용문에는 원문과 출처를 병기하였습니다.

저의 작업이 목회자 여러분에게 조금이나마 도움이 되기를 바랍니다. 또한 책의 내용에 혹 부족한 부분이 있으면 海諒하여 주시기를 바랍니다.

2023년 7월

윤용주 목사

일러두기

본서에는 한자의 조성(造成)과 자체(字體)를 설명하면서 일상적이지 않은 용어들이 나타난다. 이러한 용어들에 대한 이해를 위해 몇 가지 설명을 남겨 둔다.

육서(六書)
六書라 부르는 한자의 造字法에 대하여 간략히 소개한다.
① 지사(指事): 추상적인 생각이나 뜻을 점이나 선과 같은 상징적인 부호를 이용하여 나타낸 글자이다. 上, 下, 一, 二 등이다.
② 상형(象形): 구체적인 사물의 모양을 본떠서 만든 글자이다. 日, 月 등이다.
③ 형성(形聲): 두 개의 글자를 결합하여 새로운 글자를 만든 것이다. 반은 형방(形旁)이고 반은 성방(聲旁)으로, 형방은 뜻을 표시하고 성방은 음을 표시한다. 江자에서 氵는 뜻을, 工은 음을 나타낸다. 柱자에서 木은 뜻을, 主는 音을 나타내는 것이다. 한자 중에서 형성자가 80% 이상을 차지한다.
④ 회의(會意): 두 개의 글자를 결합하여 새로운 글자를 만드는데, 두 개의 요소에 글자의 뜻이 나타나 있는 것이다. 休자는 人과 木의 두 개의 형방으로 되어, 사람이 나무에 기대어 서 있다는 뜻을 암시하고 있

는 것이다. 日+月= 明, 女+子= 好 등이다.
⑤ 전주(轉注): 같은 부수에 속하면서 같은 뜻을 가진 글자가 서로 주고받는 것을 말한다. 즉, 어근과 뜻은 같으나 모양이 다른 글자들을 서로 바꾸어 사용하는 것을 말한다. 老와 考는 서로 바꾸어 쓸 수 있다. 한자가 통일되기 전에 각 지역에서 발전한 글자들이 서로 모양이 다르게 된 것이 원인이다.
⑥ 가차(假借): 어떤 뜻을 나타내기 위하여 새로운 글자를 만들지 않고 음이 같은 다른 글자를 빌려 뜻을 나타내는 것을 말한다. 長자는 본래 사람의 긴 머리카락을 본떠 '길다'라는 뜻을 나타낸 상형자이다. 그러나 長자를 빌려 '우두머리'(家長)를 나타낼 때는 가차가 되는 것이다. 指事, 象形, 形聲, 會意가 한자의 造字 원리라면 轉注, 假借는 응용의 원리이다.

한자의 서체
① 갑골문(甲骨文): 기원전 3천 년 은(殷)나라 시대에 사용되던 한자의 초기 글자로 사물을 그린 회화적 특성이 강하다.
② 금문(金文): 기원전 1천 년 서주(西周)에서 사용되던 춘추전국시기의 글자로 청동기에 새겨진 글자이다.

③ 대전(大篆): 서주 말기에서 춘추전국시기까지 진나라에서 사용하였다. 주문(籒文)이라고도 한다.

④ 소전(小篆): 진시황의 문자 통일 때 쓰인 서체로 진전(秦篆)이라고도 부른다.

⑤ 예서(隸書): 진시황 때에 시작되어 한나라 때 사용되던 글자로 소전을 간략히 한 글자이다.

⑥ 해서(楷書): 한나라 말기에 나타난 서체로 지금까지 통용되고 있으며, 眞書 또는 正書라고도 부른다. 한자는 갑골문에서 금문으로, 금문에서 전서로, 전서에서 예서로, 예서에서 해서로 발전하였다.

⑦ 초서(草書), 행서(行書): 한나라 시대부터 발전된 서체로 쓰기에 편리하도록 흘림 서체로 되었다. 초서에 비하여 행서가 더 알아보기 쉬워 널리 통용되었다.

⑧ 고문(古文): 진나라의 문자 통일 이전에 통용되었던 문자 형태로, 진나라에서 주문을 사용할 때 다른 여섯 나라에서 사용하던 문자이다.

갑골문	금문	전문	예서	해서	행서	초서

* 본서의 참고도서 인용문에서는 쪽수를 밝히지 않았다. 이는 훈고학 서적의 특성상 각 도서에 한자 검색용 색인이 있어, 표제자(標題字)로 도서의 인용 부분을 검색할 수 있는 데 따른 것이다.

* 从(종)자의 해석

理자는 玉+里자의 形聲자이다. 설문에서는 "理는 옥을 다스리는 것이다. 玉을 따르며, 里는 소리이다"(理, 治玉也. 从玉, 里聲)라고 한다.

여기 "玉을 따르며, 里는 소리이다"라고 하였다. 원문의 从자는 '從'자의 本字이다. 理자는 形聲자로서 玉은 뜻을 나타내며, 里는 소리를 나타낸다. 玉을 意符, 里를 聲符라고도 한다. 그러므로 从을 '구성하다', '형태를 나타내다', '뜻을 나타내다(表意)' 등으로 번역하기도 한다. 그러나 从자의 번역을 从자의 원뜻 그대로 '따르다'로 번역하기도 한다. 본서에서는 '따르다'로 번역하였다. 혹 다른 번역서와의 차이에 대하여 궁금해할 분을 위하여 앞서 밝혀 둔다. 아울러 본문에서 중요 인용문에는 한자 원문을 병기하였다. 이는 원문을 살피고자 하는 분들을 위한 것이다.

 차례

머리말 _ 3

일러두기 _ 4

갈(渴) _ 10	긍(矜) _ 36	백(白) _ 62	산(山) _ 88
강(强) _ 12	기(器) _ 38	변(變) _ 64	선(船) _ 90
객(客) _ 14	내(耐) _ 40	병(餠) _ 66	섭(攝) _ 92
경(敬) _ 16	능(能) _ 42	보(保) _ 68	성(醒) _ 94
경(鏡) _ 18	단(丹) _ 44	보(報) _ 70	수(睡) _ 96
관(冠) _ 20	담(淡) _ 46	복(僕) _ 72	숙(淑) _ 98
관(關) _ 22	당(當) _ 48	봉(奉) _ 74	승(勝) _ 100
권(勸) _ 24	독(獨) _ 50	부(富) _ 76	시(始) _ 102
귀(歸) _ 26	려(旅) _ 52	붕(朋) _ 78	시(時) _ 104
귀(鬼) _ 28	령(靈) _ 54	비(備) _ 80	식(飾) _ 106
근(勤) _ 30	리(利) _ 56	사(事) _ 82	신(神) _ 108
근(根) _ 32	맥(麥) _ 58	사(死) _ 84	실(實) _ 110
금(禁) _ 34	목(睦) _ 60	사(詐) _ 86	심(審) _ 112

심(深) _ 114	유(誘) _ 138	지(地) _ 162	택(擇) _ 186
암(暗) _ 116	음(淫) _ 140	직(職) _ 164	편(偏) _ 188
약(約) _ 118	의(義) _ 142	진(盡) _ 166	하(夏) _ 190
여(與) _ 120	의(衣) _ 144	질(秩) _ 168	한(閑) _ 192
역(易) _ 122	자(慈) _ 146	참(參) _ 170	향(鄕) _ 194
연(然) _ 124	잠(箴) _ 148	처(處) _ 172	허(虛) _ 196
연(緣) _ 126	적(敵) _ 150	척(拓) _ 174	혜(慧) _ 198
영(榮) _ 128	절(節) _ 152	최(最) _ 176	호(護) _ 200
영(盈) _ 130	제(弟) _ 154	측(惻) _ 178	확(確) _ 202
오(誤) _ 132	조(祖) _ 156	치(恥) _ 180	횡(橫) _ 204
외(畏) _ 134	조(造) _ 158	탐(貪) _ 182	희(喜) _ 206
유(柔) _ 136	준(遵) _ 160	탕(蕩) _ 184	희(希) _ 208

참고도서 _ 210

갈(渴) : 마음이 급한 사람은 입이 마른다.

渴은 '목마를 갈'자로 氵+曷(음)의 형성자이다. 《설문해자》는 "渴은 물이 마른 것이다. 水를 따르고 曷(갈)은 소리이다"(渴, 盡也. 从水, 曷聲)라고 하였다. 曷자는 '어찌 갈'자로 '말하다'는 뜻의 曰(왈)에 음을 나타낸 匃(개)자를 더하였다.

《설문해자》는 "曷은 '무엇이냐?'이다. 曰을 따르고 匃는 소리이다"(曷, 何也. 从曰, 匃聲)라고 하였다. 원문에 있듯이 何(하)는 '어찌 하, 무엇 하'라는 의문사이다. 《설문해자금석》은 《설문단주전》을 인용하여 "曷은 何의 변한 소리이다. 무릇 '무엇이냐?' 하고 묻는 사람은 그 말을 거듭할 것인즉 입이 마를 것이고, 무릇 '어찌 하지 않느냐?' 하는 사람은 그 말이 급한즉 또한 입이 마를 것이다"라고 하였다.

《상용자해》는 "渴은 형성자로 성부는 曷이다. 曷은 곧 인골인 匃에 제사 기구를 둔 것으로 사자의 유골을 사용하여 신령으로 하여금 필사적으로 기도하게 함이다. 큰 소리로 기도하며 꾸짖으니 입의 혀가 마른다는 것을 渴이라 말하게 되었다"라고 하였다. 고대인들이 사람의 유골에는 신령한 힘이 있다 생각하고 사람의 유골을 의탁하여 기도하는 것을 말함이다. 《설문해자》는 曷을 의문을 갖고 묻는 것으로, 《상용자해》는 인골을 매개로 기도하는 것으로 보았다. 마음이 급한 사람이 거듭 말할 때 입이 마르는 것은 당연할 것이다.

한편 匃자는 '빌 개'자로서 구걸의 뜻이 있다. 배고픈 사람이 구걸을 하니 또한 그 입이 마를 것이다. 曷은 말을 많이 하여 입이 마른다는 뜻의 글자이다. 氵에 曷을 더하여 물이 마르다, 목이 마르다는 뜻을 갖게 되며, 여기서 발전하여 입이 마른 사람이 물을 찾는 것같이 절실하게 무엇을 찾는 것을 뜻하기도 한다.

"목이 말라도 도천의 물은 마시지 않는다"는 말이 있는데, 도천(盜泉)은 도적의 샘이라는 뜻이다. 《설원》 설총편에는 "물 이름이 도적의 샘이라 공자가 마시지 않았다. 그 이름을 미워함이다"(水名盜泉, 孔子不飮, 醜其聲也)라고 하였다. 공자가 도천을 지나면서 목이 말랐으나, 도적의 샘이라는 이름을 미워하여 그 물을 마시지 않았다는 것이다. 도천은 산동성 사수현(泗水縣)에 있다. 《예기》 예운편에는 "음식과 남녀는 사람이 제일 탐내는 것이며, 죽음과 빈곤은 사람이 제일 미워하는 것이다"라고 하였다. 도천의 기사는 사람의 본성인 목마름 보다 더 큰 목마름이 있음을 말한다.

> "보라 날이 이를지라 내가 기근을 땅에 보내리니 양식이 없어 주림이 아니며 물이 없어 갈함이 아니요 여호와의 말씀을 듣지 못한 기갈이라"(암 8:11).

강(强) : 작은 것이 강하다.

强은 '강할 강'자로서 弘(홍)+虫(충)의 회의자이다. 《설문해자》에서는 "强은 쌀바구미이다. 虫을 따르고 弘은 소리이다"(强, 蚚也. 从虫, 弘聲)라고 하였다. 쌀바구미는 작지만 껍질이 단단한 곤충이다. 이로부터 본래는 쌀바구미를 나타내는 强자를 단단하다는 뜻으로 사용하게 되었다.

한편 强자와 통용하며 '강하다'는 뜻을 나타내는 글자로 彊(강)자가 있다. 彊자는 弓+畺(음)의 형성자이다. 畺(강)은 '지경 강'으로서 畺의 가로 세 획은 밭 사이의 경계를 나타낸다. 즉, 畺자는 밭 사이의 경계 또는 나라의 경계를 말한다. 弓(궁)자는 '활 궁'자로 '힘있는 활'을 나타낸다. 弓에 畺을 더하여 나라의 경계는 굳게 지켜야 한다는 데서 彊자가 '굳세다'는 뜻을 갖게 된 것으로 보는 것이다. 단옥재의 주석에는 "强으로서 彊을 삼으니 이는 육서의 가차이다"라고 하였다. 彊은 '굳셀 강'자이다. 단옥재의 설명은 强자를 빌려서 彊의 뜻을 나타냈다는 것이다. 이같이 쌀바구미를 뜻하던 强자가 '강하다'

는 뜻으로 사용되면서 强자는 쌀바구미의 뜻보다는 강하다는 뜻으로 사용되고 있다.

한편 쌀바구미는 쌀통 안에서 많은 쌀을 훼손한다. 쌀바구미의 훼손의 정도가 크고 넓어서 虫에 '넓을 홍(弘)'자를 더하였다고 설명하기도 한다. 때로는 쌀바구미 같이 작은 것이 큰 영향력을 미칠 수 있다.

소학에 기자(箕子) 이야기가 있다. 주지육림으로 유명한 商나라 紂(주) 임금 때이다. 임금이 상아로 된 젓가락을 사용하자 기자가 임금에게 말했다. "상아 젓가락을 사용하니 반드시 옥으로 된 잔을 사용하고, 옥으로 된 잔을 사용하니 반드시 먼 지방의 진기한 물건을 쓸 것이니, 이로부터 수레와 말과 집을 점차로 구하기 시작하나 구하지 못할 것이다"라고 하였다. 기자는 왕이 사용하는 상아 젓가락에서 장차 나라가 망할 기미를 보았지만, 주 왕은 작은 일이라 여겨 듣지 않음으로 나라를 멸망으로 이끌었다. 《명심보감》에서는 "악한 일이 작다 하여 그것을 하지 말 것이요, 선한 일이 작다 하여 그것을 안 하지 말 것이다"라고 하였다.

다윗은 베들레헴의 목자에서 이스라엘의 왕이 되었고, 유대 고을 중 가장 작은 베들레헴은 메시아의 탄생지가 되었다. 작은 것을 크게 만드시는 이가 하나님이시다.

"천국은 마치 사람이 자기 밭에 갖다 심은 겨자씨 한 알 같으니 이는 모든 씨보다 작은 것이로되 자란 후에는 풀보다 커서 나무가 되매 공중의 새들이 와서 그 가지에 깃들이느니라"(마 13:31-32).

객(客) : 집을 찾아온 나그네이다.

客은 '손 객', '나그네 객'이다. 宀+各(음)의 형성자이다.《설문해자》는 "客은 얹혀사는 것이다. 宀(면)을 따르고, 各(각)은 소리이다"(客, 寄也. 从宀, 各聲)라고 하였다.《상용자해》는 "회의자이다. 宀과 各의 조합이다. 宀의 형태는 큰 집의 지붕을 나타내면서 선조의 사당에 제사하는 것을 가리킨다. 各의 뜻은 제기를 올려드리면 기도의 정신, 신령이 응답을 주는 것을 나타내며, 하늘의 강림을 뜻한다. 客은 본래 사당 가운데 내려온 神을 가리킨다. 즉, 다른 곳에서 청하여 온 客神이다. 客은 후에 다시 神을 가리키지 않고 인간 세상에 사용되면서 뜻이 나그네를 가리키게 되었다"라고 하였다.《한자해형석의 자전》은 "宀은 집을, 口는 동굴집의 문(門)을 의미하고, 夂(치)는 之(지)자를 뒤집은 것이다. 즉, 다른 사람이 집 문에 도달한 것으로 손님의 뜻이 합당하다"라고 하였다.

한편 客자를 파자하면 宀+各이다.《설문해자금석》은 各자에 대하여 "格(격)의 본 자이다"라고 하였다. 格자는 자전에서 '올 격', '이를 격'으로 새기는 글자로, 어떤 사람이나 사물이 와서(來) 이르다(至)는 뜻의 글자이다. 各을 格의 본 자로서 '오다'(來)로 해석하는 설명은, 客이 곧 손님이 집 문에 도달한 것이라는 《한자해형석의자전》의 설명과, 神이 사당에 내려온 것이라는 《상용자해》의 설명과도 의미가 같다 할 것이다.

客자는 나그네가 밖에서 집 안으로 들어오는 것을 뜻하는 글자이다. 천상병 시인의 〈귀천〉은 "나 하늘로 돌아가리라, 아름다운 이 세상 소풍 끝내는 날"이라고 하였다. 여기서 볼 수 있듯이 나그네라고 하면 대개는 목적지를 향하면서 지금의 자리는 비중이 가볍다. 客자의 속뜻을 손님으로 얹혀사는 것으로 보는 한편, 외부로부터 현재의 자리에 온 것으로 보기도 한다. 나그네의 뜻을 어디서, 무엇 때문에 이 세상에 왔는가에 초점을 맞추면 어떨까? 이를 천명(天命)이라고 한다. 사람이 태어나고 죽는 것은 하늘이 명령한 것이라 함이다.

《논어》 술이편에서 환태라는 사람이 공자를 죽이려 하였다. 이때 공자가 그 자리를 피하면서 말하기를 "하늘이 나에게 덕(德)을 주었는데 환태가 나에게 어떻게 하겠는가?"라고 하였다. 즉, 하늘이 나에게 덕으로 세상을 구하라는 사명을 주었으니 환태가 나를 죽일 수 없다는 것이다.

> "여호와의 말씀이 내게 임하니라 이르시되 내가 너를 모태에 짓기 전에 너를 알았고 네가 배에서 나오기 전에 너를 성별하였고 너를 여러 나라의 선지자로 세웠노라"(렘 1:4-5).

경(敬) : 마음을 삼가고 경계하는 것이다.

　敬은 '공경할 경', '삼갈 경'자이다. 攵(攴)+苟(음)의 형성자이다. 《설문해자》는 "敬은 엄숙함이다. 攴(복)과 苟(극)을 따른다"(敬, 肅也. 从攴苟)라고 하였다. 苟은 '삼갈 극'자로 苟(구차할 구)와는 별개의 글자이다. 《설문해자》는 "苟은 스스로 삼가는 것에 따른 것이다. 羊의 생략을 따르고 包(포)의 생략과 口를 따른다. 口를 싸는 것은 말을 삼가는 것과 같다. 羊을 따르며 羊은 義, 善, 美와 뜻이 같다. 무릇 苟에 속한 것은 모두 苟을 따른다"(苟自急敕也. 从羊省, 从包省, 从口, 口猶愼言也. 从羊, 羊與義,善,美同意. 凡苟之屬皆从苟)라고 하였다.
　《설문해자금석》은 "苟은 狗(구)의 상형문자이다.…그 사용은 敬을 위한 것으로 敬은 警(경)의 초문이다. 본래 狗를 사용하여 경계하였다. 그 경계심을 위하여 정신을 엄숙히 하였다. 攴을 더하여 일의 분별을 강조하였다. 경계심이 본뜻이고 엄숙함은 파생된 뜻이다. 敬이 파생된 뜻으로 사용되면서 言을 더하여 警을 써서 경계의 뜻을 표시하였다"라고 하였다. 《세설한자》는 "금문의 왼쪽은 口이고 오른쪽은 攴으로 손으로 채찍을 잡은 형태이다. 목자가 양 무리에게 고함을 치는 것을 표시한다. 경계의 뜻을 갖는 이유이다. 소전에서는 苟과 攴을 따르는 것으로 변하였다. 회의 겸 형성자이다"라고 하였다.

《정중형음의종합대자전》은 "소전의 敬은 攴과 苟을 따르며, 苟은 羊의 생략(ㅏ)과 包의 생략(ㄱ)을 따른다. 急(급)과 같이 읽는다. 본래 '스스로 삼가는 것에 빠르다'는 것으로, 곧 게으르지 않도록 스스로 규율한다는 뜻이다. 攴의 音은 撲(박)이다. 본래는 '살짝 때린다'는 것으로 '권고'의 뜻이 있다. 일을 자율적으로 잘하는 것을 敬이라 한다. 그 본의는 엄숙함이다"라고 하였다.

敬의 해석이 다양하다. 《설문해자금석》은 敬의 원뜻은 警戒(경계)라 하였다. 양치기가 양 무리를 경계하는 것이나, 개가 도둑을 경계하는 것이나, 사람이 스스로를 경계하는 것이나 모두 경계의 모습이다. 恭敬(공경)은 대인관계에서 자신의 감정을 경계하고 다른 사람을 우선시하는 것이라 할 것이다. 《명심보감》 계성편은 "참을 수 있으면 또 참고, 경계할 수 있으면 또 경계하라. 참지 못하고 경계하지 못하면 작은 일이 크게 된다"(得忍且忍, 得戒且戒, 不忍不戒, 小事成大)라고 하였다.

> "너희도 아는 바와 같이 우리가 너희 각 사람에게 아버지가 자기 자녀에게 하듯 권면하고 위로하고 경계하노니 이는 너희를 부르사 자기 나라와 영광에 이르게 하시는 하나님께 합당히 행하게 하려 함이라"(살전 2:11-12).

경(敬)

경(鏡) : 나를 돌아보고 고침이다.

　鏡은 '거울 경'자이다. 金+竟(음)의 형성자이다. 《설문해자》는 "鏡은 형상이다. 金을 따르고 竟(경)은 소리이다"(鏡, 景也. 从金, 竟聲)라고 하였다. 《세설한자》는 본문의 景(경)에 대하여 "景은 影(영)의 고자이다"라고 하였다. 影은 '그림자 영'자로 그림자, 빛, 형상 등의 뜻을 갖는다. 단옥재의 주석은 "쇠에는 빛이 있어 사물을 비출 수 있는데 이를 鏡이라 일컫는다"라고 하였다. 구리를 연마한 구리거울에 비추인 사물의 형상을 鏡이라 하면서 거울을 뜻하는 글자로 사용하게 된 것이다.

　한편 竟자는 '끝날 경', '끝 경', '지경 경' 등으로 새기는 글자이다. 《설문해자》는 "竟은 음악의 연주가 끝난 것을 말한다. 音을 따르고 儿을 따른다"라고 하였다. 竟자의 音은 음악을 말한다. 音자의 아래에 儿(인)자를 두었다. 《설문해자구두》는 人은 사람의 상체로, 儿은 사람의 하체로 설명하였다. 하체는 신체의 끝이다. 즉, 音에 儿을 더하여 음악이 끝난 것을 나타냈다 할 것이다. 단옥재의 주석은 "음악이 멈추는 바이다. 여기서 발전하여 범사의 멈추는 바와 토지의 멈추는 바를 모두 竟이라 일컫는다. 모전(毛傳)에 가로되 疆(강)은 竟이다. 세속에서 구별하여 境(경)자를 지었다"라고 하였다. 음악이 끝났다는 것은 경계에 이르렀다는 말이다. 또한 土에 竟을 더한 境자로 토지의 경계를 나타냈다는 것 또한 이해할 수 있다.

鏡은 거울이다. 그런데 끝과 경계를 말하는 竟자가 들어 있다. 거울을 보는 사람은 얼굴과 매무새를 고칠 것이다. 이전의 모습을 끝내고 새로운 모습으로 바꾸는 경계의 자리라고 할 수 있다. 어찌 거울만 그러할 것인가? 《격몽요결》 독서장에 말하기를 "만일 입으로만 읽을 뿐, 마음에 체험하지 못하고 몸으로 실행하지 않는다면 책은 책대로, 나는 나대로일 것이니 무슨 이익이 있겠는가?"(若口讀, 而心不體, 身不行, 則書自書, 我自我, 何益之有)라고 한다. 책을 읽으면 책의 바른 가르침을 깨닫고 이전의 잘못된 행실을 끝내고 새로워져야 할 터인데 그렇지 못하다면 책을 읽은 것이 무슨 이익이 있겠는가 함이다.

> "누구든지 말씀을 듣고 행하지 아니하면 그는 거울로 자기의 생긴 얼굴을 보는 사람과 같아서 제 자신을 보고 가서 그 모습이 어떠했는지를 곧 잊어버리거니와 자유롭게 하는 온전한 율법을 들여다보고 있는 자는 듣고 잊어버리는 자가 아니요 실천하는 자니 이 사람은 그 행하는 일에 복을 받으리라"(약 1:23-25).

관(冠) : 모자는 사람의 신분을 나타낸다.

冠자는 '갓 관'으로 冖+寸+元(音)의 형성자이다.《설문해자》에서는 "冠은 말아 묶는 것이다. 머리카락을 말아 묶는 데 사용되는 고깔과 면류관의 총칭이다. 冖(멱)을 따르고, 元(원)을 따른다. 元 또한 소리이다. 冠에는 법제가 있어 寸(촌)을 따른다"(冠, 絭也. 所以絭髮, 弁冕之總名也. 从冖, 从元, 元亦聲. 冠有法制, 从寸)라고 하였다. 冖은 '덮을 멱'으로서 모자를 말하고, 元은 사람의 머리로, 冠자가 사람의 머리에 덮어 쓰는 모자임을 나타내고 있다. 寸자는 '마디 촌'자로서 길이를 재는 단위를 뜻하는 말에서 法度(법도)를 뜻하는 말로 발전한 글자이다. 즉, 冠을 사용하는 일에도 법도가 있음을 나타낸 것이다.

고대나 현대나 모자는 모자를 쓴 사람의 신분을 나타낸다. 고대에는 신분이 낮은 사람은 冠을 쓸 수 없었다. 1894년 갑오경장 이후 나라에서는 천민 신분의 백정(白丁)들에게도 갓을 쓰는 것을 허락하게 된다. 이 일이 너무 기뻐서 백정들 중에는 밤에 잘 때도 갓을 벗지 않고 쓴 채로 자는 사람도 있었다고 한다(전택부 著,《토박이 신앙산

맥》, 서울, 대한기독교출판사, 1977, 38쪽).

冠이 그것을 쓴 사람의 신분을 나타낸다는 것은 곧 그 사람의 정체성을 의미하는 것이다. 이에 때로는 冠을 목숨같이 여기기도 하였다. 공자의 제자 子路(자로)가 衛(위)나라에 있을 때 왕위계승 분쟁에 휘말려 죽게 되는데, 그때 공격을 받아 갓끈이 끊어졌다. 그러자 자로가 "군자는 죽을 때도 갓을 벗지 않는다" 하고는 갓끈을 매고 죽는다(《사기열전》, 중니제자열전). 《예기》 단궁편에서는 이때 자로의 시신이 젓갈로 담가져 공자에게 보내졌는데 공자가 이를 알고 버렸다는 이야기가 나온다. 冠에 대한 古人의 인식을 알 수 있다.

성도의 소망이 무엇인가? 성도의 소망은 하늘의 면류관이다.

> "이제 후로는 나를 위하여 의의 면류관이 예비되었으므로 주 곧 의로우신 재판장이 그날에 내게 주실 것이며 내게만 아니라 주의 나타나심을 사모하는 모든 자에게도니라"(딤후 4:8).
>
> "네가 죽도록 충성하라 그리하면 내가 생명의 관을 네게 주리라"(계 2:10).
>
> "내가 속히 오리니 네가 가진 것을 굳게 잡아 아무도 네 면류관을 빼앗지 못하게 하라"(계 3:11).

앞에서 冠에는 법도가 있다고 하였다. 면류관에 대하여 《표준국어대사전》에서는 "제왕의 정복에 갖추어 쓰던 관…국가의 대제(大祭) 때나 왕의 즉위 때 썼다"라고 한다. 면류관은 제왕의 관이다. 자로는 죽음의 자리에서도 관을 고쳐 썼다.

관(關) : 문을 닫고 문에 빗장을 가로지른 것이다.

關은 '빗장 관', '관문 관'자이다. 門+丱(음)의 형성자이다. 관문은 국경에 세운 문이다.《설문해자》는 "關은 나무로 문을 가로질러 버티는 것이다. 門을 따르고 丱(관)은 소리이다"(關, 以木橫持門戶也. 从門, 丱聲)라고 하였다. 丱은 '꿸 관'자이다.《설문해자》는 "丱은 비단을 짤 때 실을 북에 꿰는 것이다. 絲(사)의 생략을 따르고 卝(관)은 소리이다"라고 하였다. 卝과 丱(관)은 같은 자이다. 卝은 '총각 관'자이다.

《한자해형석의자전》은 "么(유)는 絲의 생략형이다. 卝은 지난 시대에 아동의 머리카락을 두 가닥으로 땋아 머리 양쪽에 송곳과 비슷하게 뿔 모양이 되게 한 것이다. 그러므로 丱자는 베를 짤 때 송곳 모양의 북을 날실에 집어넣는 것을 가리킨다. 關에서 丱을 소리로 한 것은, 북을 날실에 넣는 것에 비유하여 문에 빗장을 넣는 것을 형상화한 것이다"라고 하였다. 즉, 丱에서 么는 실을, 卝은 아이의 머리카락을 송곳 혹은 뿔 모양으로 묶은 것을 본뜬 것으로 베틀의 북에 비유한 것이다. 鈴자는 絲에 卝을 더하여 베틀의 북을 날실 사이에 넣는 것이나, 실을 북에 넣는 것을 형상화한 글자로 꿰다, 넣는다는 뜻을 갖게 된 글자이다. 關자는 門에 鈴을 더하여 북에 실을 꿰듯이 문을 닫고 빗장을 가로질러 넣은 것을 나타낸 글자이다.

《설문통훈정성》은 "빗장을 세로로 세운 것을 閉(폐)라 하고, 가로로 한 것을 關이라 한다"(豎木爲閉, 橫木爲關)라고 하였다. 關자는 '빗장 관', '관문 관'자로서 문이라는 뜻과 빗장을 질러 문을 닫는다는 뜻을 갖는다. 關係(관계)라는 말이 있다. 係는 '맬 계'로, 關이 門을 지칭하듯이 관계는 城(성)의 관문과 관문을 잇는 것이 본 뜻이고, 여기서 발전하여 사람이나 사물을 서로 매어 잇는 것을 말하게 된 것이다.

왕유(王維)의 시 〈答張五弟〉(장오제에게 답하다)이다. "종남에 초가집 있어, 앞으로 종남산을 마주하네. 일 년 내내 찾는 이 없이 문은 닫혔고, 온종일 마음 쓸 데 없으니 저절로 한가롭다. 술 마시고 낚시 하는 데 불편이 없으니, 그대 홀로 다시 찾아오시게"(終南有茅屋, 前對終南山. 終年無客長閉關, 終日無心長自閑. 不妨飮酒復垂釣, 君但能來相往還). 초야에 사는 이에게 찾는 이 없으니 문은 일 년 내내 닫혀 있다. 인간관계의 시작은 마음의 문을 여는 것이다.

> "볼지어다 내가 문 밖에 서서 두드리노니 누구든지 내 음성을 듣고 문을 열면 내가 그에게로 들어가 그와 더불어 먹고 그는 나와 더불어 먹으리라"(계 3:20).

권(勸)

篆文

권(勸) : 황새는 천기를 안다.

勸은 '권할 권'자이다. 力+雚(음)의 형성자이다. 《설문해자》는 "勸은 힘써 하도록 격려함이다. 力을 따르고 雚(관)은 소리이다"(勸, 勉也. 从力, 雚聲)라고 하였다. 雚은 '황새 관'자로 鸛(관)의 본자이다. 《상용자해》는 勸에 대하여 "형성자이다. 성부는 雚이다. 雚은 곧 황새이다. 황새는 신령한 새로 보이면서 새 점(占)에 사용되었다. 力의 형태는 미래를 나타낸다. 새 점을 통하여 농작물이 풍작인지 또는 흉작인지를 미리 아는 것으로, 이로 말미암아 神의 뜻을 알게 되는 것을 勸이라 일컬었다. 이 때문에 勸은 농사를 권하고 격려함의 의미가 있다. 농사에 종사하는 것을 따르고 농사에 노력한다는 뜻이 있다. 후에 일반적으로 각 방면의 직무를 맡는 것이나 직업에 대한 존경을 가리키면서 새 점의 관찰을 통하여 神의 뜻을 아는 것을 觀이라 일컬었다"라고 하였다.

《정중형음의종합대자전》은 "勸은 力을 따르고 雚은 소리이다. 본뜻은 힘써 하도록 격려함이다. 곧 지극한 선으로 나아가도록 격려한다는 뜻이다. 또 萑은 鸛의 본자이다. 鸛의 형태는 鶴(학)과 비슷한데 머리에 붉은색이 없다. 높은 나무에 집을 짓고 어류와 갑각류를 먹이로 한다. 그 고생이 지극해 근면의 뜻이 있다. 일설에 황새가 물을 거슬러 먹이를 찾는 데 앞장선다고 하여 힘써 다툰다는 뜻이 있다. 그러므로 勸은 萑의 소리를 따른다"라고 하였다. 《설문해자의증》은 "황새는 또한 비를 알아 세속에서는 황새가 우는 것으로 비를 점쳤다. 속담에 이르기를 한 마리가 울면 맑고, 두 마리가 울면 흐리고, 무리가 좇아서 울면 비가 내린다. 또 아침에 울면 흐리고, 저녁에 울면 맑고, 한밤중에 울면 비가 와서 맑기를 바랄 수 없다"라고 하였다.

勸은 황새가 천기를 전하며 농사에 힘쓰라 권한다거나, 황새가 물을 거슬러 먹이를 찾음과 같이 힘쓰라 권하는 뜻으로 본다. 당나라 왕유의 시 〈위성곡〉이다. "위성의 아침 비는 흙먼지를 적시고, 객사의 푸른 버드나무는 색이 새롭다. 그대에게 술 한 잔 다시 권하노니, 서쪽으로 양관을 나서면 친구가 없으리라"(渭城朝雨浥輕塵, 客舍青青柳色新. 勸君更盡一杯酒, 西出陽關無故人)고 하였다. 교회에는 勸士의 직분이 있다. 왕유는 술을 권하였으나 권사는 무엇을 권할 것인가? 황새는 천기를 알고 신의 뜻을 전하였다.

> "그러므로 우리가 그리스도를 대신하여 사신이 되어 하나님이 우리를 통하여 너희를 권면하시는 것같이 그리스도를 대신하여 간청하노니 너희는 하나님과 화목하라"(고후 5:20).

귀(歸) : 여자가 출가하는 것이다.

歸는 '돌아갈 귀'자이다. 𠂤(퇴)+止(지)+帚(추)의 회의자이다.《설문해자》는 "歸는 여자가 출가하는 것이다. 止를 따르고, 婦(부)의 생략을 따른다. 𠂤는 소리이다. 帚(귀)는 전문의 생략이다"(歸, 女嫁也. 从止, 从婦省, 𠂤聲, 帚篆文省)라고 하였다.《상용자해》는 "𠂤는 제물의 고기이다. 군대가 출정할 때 먼저 사당에 제사를 드리고 신령의 수호를 위하여 제물을 가지고 출정한다. 帚는 사당을 청소하는 빗자루의 형태로 사당을 뜻한다.…군대가 개선하여 돌아오면 가져갔던 제물을 사당에 드리며 무사귀환을 보고하는 의식을 행한다. 歸는 본래 군대의 의식을 가리키는 글자이다. 여자가 결혼을 하면 시가의 사당에 그 가족의 구성원이 되었음을 보고하는 제사를 드리면서 歸자가 혼인을 가리키게 되었다. 모두 선조에게 드리는 보고 의례이다"라고 하였다.《설문해자》는 帚를 婦의 생략으로 보면서 여자가 출가하는 것으로 歸를 해석하였다.《상용자해》는 帚를 사당의 빗자루로 보면서 출정에서 돌아온 군대가 사당에 제사하는 것으로 歸를 해석하였다.

그런데 여자가 시집가는 것을 왜 '돌아간다'라고 하였을까? 《주역》 歸妹(귀매)에서는 "歸妹는 여자가 시집감이니 妹는 少女의 칭호이다…歸妹는 천지(天地)의 대의(大義)이니 천지가 사귀지 않으면 만물이 일어나지 못하므로 歸妹는 사람의 시작과 마침이다"라고 하였다. 《주역정의》는 漸(점)에서 "歸는 여자가 시집감이니, 여인은 태어나면 밖에서 이루어지는 뜻이 있어 남편을 자기 집으로 여긴다. 그러므로 시집감을 일러 '돌아감'이라고 한다"(歸嫁也, 女人生有外成之義, 以夫爲家, 故謂嫁曰歸也)라고 하였다. 천지가 사귐으로 만물이 흥함은 하늘이 비를 내리고 땅이 비를 받아 만물을 자라게 하는 것과 같다. 남녀가 사귐으로 자손을 낳고 흥하는 것은 천지의 큰 뜻이요 마침이다. 그런즉 여자는 친가에서 태어났으나 출가하여 가정을 이룸으로 삶의 마침이 되고 대의에 이른 것이니, 출가를 대의와 마침으로 돌아감이라 본 것이리라.

《설문해자》는 歸자를 여자가 출가하는 것이라 하였다. 신앙은 성도가 그리스도의 신부로서 신랑이신 그리스도를 맞아 하나님의 나라로 돌아가는 것이다.

> "우리가 즐거워하고 크게 기뻐하며 그에게 영광을 돌리세 어린 양의 혼인 기약이 이르렀고 그의 아내가 자신을 준비하였으므로 그에게 빛나고 깨끗한 세마포 옷을 입도록 허락하셨으니 이 세마포 옷은 성도들의 옳은 행실이로다 하더라"(계 19:7-8).

귀(鬼) : 사람이 죽어 귀신이 된다.

鬼자는 '귀신 귀'로 머리가 큰 사람의 모습을 본뜬 상형자이다. 《설문해자》는 "鬼는 사람이 돌아간 바를 말한다. 人을 따르고 鬼의 머리를 본떴다. 鬼의 음기는 해롭다. 厶(사)를 따른다. 무릇 鬼에 속한 모든 것은 鬼를 따른다. 禝(귀)는 鬼의 고문이다. 示(시)를 따른다"(鬼, 人所歸爲鬼. 从人, 象鬼頭. 鬼陰气賊害. 从厶. 凡鬼之屬皆从鬼. 禝古文. 从示)라고 하였다. 한편《설문해자》는 "魂(혼)은 양의 기운이다", "魄(백)은 음의 신이다"라고 하였다. 《유학사상》에서는 "인간은 혼과 백이 결합됨으로써 태어나고, 그것이 분리됨으로써 죽는다. 사람이 죽어서 혼백이 분리되면 혼은 하늘로 올라가고 백은 땅으로 내려간다"라고 하였다(성균관대학교유학과교재편찬위원회, 《유학사상》, 서울: 성균관대학교출판부, 1998, 235쪽).

한편《중국고대사회》는 "갑골문의 鬼자는 한 사람이 거대한 가면을 쓰고 있는 모습이다"라고 하였다. 《한자의 바른길 빠른길》에서는 "옛날에 제사 지낼 때는 조상을 닮은 가면 쓴 사람을 세우고 이를 鬼라 일렀다고 한다"라고 하였다. 尸童(시동)이라는 말이 있다. 제사를 지낼 때 神位(신위)를 대신하여 그 자리에 아이를 앉히는데, 이 아이를 尸童이라 한다. 《한어대사전》은 尸를 "고대 제사 때 죽은 사람을 대신하여 제사를 받는 사람"이라 하였다.

이상의 설명들로부터 고대 사회에서는 제사에서 신위를 대신하여 망자의 형상을 닮은 가면을 쓰고 있는 사람을 세웠는데 이 사람을 鬼라고 불렀다는 것을 알 수 있다. 鬼에 대한 해석은 귀신의 머리를 본뜬 甶(불)자와 儿(인)과 厶(사)를 합하였다는 것, 제사에서 망자를 대신하여 제사를 받는 사람을 鬼라고 불렀다는 것, 죽은 사람의 영혼은 귀신으로서 사람에게 해롭다는 것 등을 살펴볼 수 있다.

제나라 왕이 화가에게 물었다. "어떤 그림이 가장 어려운가?" 화가가 대답하기를 "개와 말입니다"라고 했다. "가장 쉬운 것은 무엇인가?" "귀신입니다. 대개 개와 말은 사람이 아는 바로, 아침저녁으로 앞에서 보아 그와 똑같이 그릴 수 없기 때문에 어렵습니다. 귀신은 형태가 없는 것으로 앞에 두고 볼 수가 없습니다. 그러므로 쉽습니다"라고 하였다《한비자》 외저설 좌상). 귀신 이야기는 많지만 직접 본 사람은 많지 않은 듯하다.

"이에 그 거지가 죽어 천사들에게 받들려 아브라함의 품에 들어가고 부자도 죽어 장사되매 그가 음부에서 고통 중에 눈을 들어 멀리 아브라함과 그의 품에 있는 나사로를 보고"(눅 16:22-23).

근(懃) : 진흙 밭에서 일하듯 힘든 마음을 뜻한다.

 懃은 '은근할 근'자이다. 心+勤(음)의 형성자이다. 勤자는 '부지런할 근'자로 力+菫(음)의 형성자이다. 菫은 '진흙 근'자로 黃(황)+土이다. (堇은 '제비꽃 근'자로 艹+堇이며 菫과는 다른 글자이다.)

 《설문해자》는 "菫은 진흙이다. 土를 따르고 黃의 생략형을 따른다. 무릇 菫에 속한 것은 모두 菫을 따른다. 墐(근), 蓳(근)은 모두 고문의 근자이다"(菫, 黏土也. 从土, 从黃省. 凡菫菫之屬皆从菫. 墐, 蓳皆古文菫)라고 하였다. 또한 《설문해자》는 "勤은 수고함이다. 力을 따르고, 菫은 소리이다"(勤, 勞也. 从力, 菫聲)라고 하였다. 勤자는 진흙을 뜻하는 菫자에 力을 더하여 진흙 밭에서 힘들게 일하는 모습을 비유하여 수고함을 나타낸 글자이다. 懃은 心에 勤을 더하여 마음으로 애쓰고 수고하는 모습을 나타냈다.

 《상용자해》는 勤에 대해 "형성자이다. 성부는 菫이다. 菫은 蓳(근)과 같은 글자로 기근(飢饉)과 관계된 글자이다. 菫의 뜻은 흉년을 만난 것을 표시한다. 머리에 제기를 얹은 무당을, 두 손을 몸 앞으로 묶고 몸을 불태워 죽게 하는 것이다. 기근의 때에 비 오기를 기도하였으나 비가 내리게 하지 못한 힘없는 무당이 화형을 당하는 것이다. 力은 곧 쟁기의 형태이다. 勤의 뜻은 기근의 고난을 면하고자 농사일에 힘쓰는 것을 나타낸다. 이에 근로, 근면, 근무의 뜻으로 사용된다"라고 하였다. 갑골문의 董자의 아랫부분은 火자의 모습을 보이고, 금문에서는 土로 변하는데, 이는 사람을 제물로 하는데서 바뀌어 흙으로 만든 인형을 제물로 한 것으로 보기도 한다. 董자의 자원이 진흙이든, 인신의 제물이든 힘들고 어려운 일임에는 분명하다.

勲자는 진흙을 뜻하는 董자와 힘써 일한다는 뜻의 力자, 마음 心자를 합한 글자로 진흙 밭에서 힘들게 일하듯이 마음으로 힘쓰는 것을 뜻하는 글자이다. 인생의 희로애락이 반드시 외부적 요인에 따른 것만은 아니리라. 《명심보감》 성심편은 "봄비가 기름 같으나 행인은 그 진창을 싫어하고, 가을 달이 빛을 드날리지만 도둑은 그 밝게 비치는 것을 미워한다"(春雨如膏, 行人惡其泥濘. 秋月揚輝, 盜者憎其照鑑)라고 하였다. 도연명의 시 〈擬古〉(의고)이다. "동녘에 한 선비 있는데, 입은 옷 언제나 허술하고, 굶기를 남 밥 먹듯 하며, 관 하나를 십 년 쓰고 있어 고생스럽기 이에서 더할 수 없겠으나, 언제나 즐거운 얼굴빛이라네"라고 하였다.

> "야곱이 라헬을 위하여 칠 년 동안 라반을 섬겼으나 그를 사랑하는 까닭에 칠 년을 며칠같이 여겼더라"(창 29:20).

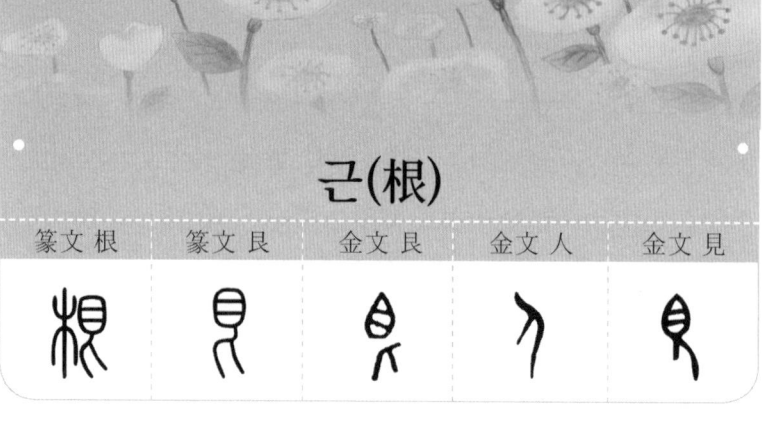

근(根) : 뿌리는 가지를 돌아보고 있다.

根은 '뿌리 근', '밑동 근'자이다. 木+艮(음)의 형성자이다. 《설문해자》는 "根은 나무의 뿌리이다. 木을 따르고 艮(간)은 소리이다"(根, 木株也. 从木, 艮聲)라고 하였다. 《설문해자금석》은 "根은 나무의 그루터기이다"라고 하였다. 《설문해자계전》은 "흙에 들어가 있는 것을 根이라 부르고, 흙 위에 있는 것을 株(주)라고 부른다"라고 하였다. 根자가 뿌리 혹은 밑동(그루터기)으로 해석되고 있다.

한편 艮자는 '머무를 간', '어려울 간'자이다. 《설문해자》는 "艮은 서로 따르지 않음이다"라고 하였다. 《세설한자》는 艮에 대하여 "갑골문의 상부는 한 개의 큰 눈동자이고, 하부는 오른쪽을 향하여 서 있는 한 사람으로서, 사람이 머리를 돌려 보고 있는 것을 표시하였다"라고 하였다. 《설문해자금석》은 "艮은 見(견)이 변한 것이다. 見은 앞을 보는 것이고, 艮은 돌이켜 보는 것이다"라고 하였다. 見자는 目+儿(=人)이다. 見자는 사람이 대상을 향하여 서서 보는 형상이다. 艮자 또한 目+人이다. 그러나 見과는 다르게 상대를 등지고 얼굴만

돌려 바라보는 형상이다. 금문과 전문의 艮자 중 하부의 人자는 금문의 人자 또는 見자의 人자와는 서로 방향이 반대인 것을 볼 수 있다. 나무의 가지는 위로 자라고, 뿌리는 반대로 아래로 자란다. 根자는 木에 艮을 더하여 가지와 등지고 있는 뿌리를 나타냈다. 그런데 艮자는 비록 상대를 등지고 있으나 그 얼굴을 돌려 돌아보고 있는 모습이다.

옛날에는 아버지들이 아들을 서로 바꿔서 가르쳤다(맹자 이루상). 공자의 아들 백어가 마당을 지날 때 아버지가 묻는다. "시를 배웠느냐?" "아직 배우지 못하였습니다." "시를 배우지 아니하면 말할 수 없느니라." 아들이 "예" 하고 물러가 시를 배웠다. 이야기의 끝에 진항이 말하기를 "군자는 자기 아들을 멀리한다"(君子之遠其子也)라고 하였다(《논어》 계씨). 아들과 거리를 두었으나 학업의 진도를 궁금해 하는 아버지의 모습이다. 나무의 근본이 뿌리이듯, 육체의 근본은 부모이고, 영혼의 근본은 하나님이시다. 비록 때로는 서로 부딪치지만 그럼에도 늘 우리를 돌아보고 계신 분들이다.

> "그들을 경계하시되 그들이 듣지 아니하므로 열방 사람들의 손에 넘기시고도 주의 크신 긍휼로 그들을 아주 멸하지 아니하시며 버리지도 아니하셨사오니 주는 은혜로우시고 불쌍히 여기시는 하나님이심이니이다"(느 9:30-31).
>
> "밤나무와 상수리나무가 베임을 당하여도 그 그루터기는 남아 있는 것같이 거룩한 씨가 이 땅의 그루터기니라 하시더라"(사 6:13).

근(根)

금(禁) : 신령이 머무는 신성한 곳에 속인(俗人)의 출입을 금하였다.

禁은 '금할 금'자로 示+林의 회의 또는 示+林(음)의 형성자로 본다. 《설문해자》는 "禁은 길흉의 일에 관하여 회피함이 있는 것이다. 示(시)를 따르고 林(임)은 소리이다"(禁, 吉凶之忌也. 从示, 林聲)라고 하였다. 《설문해자금석》은 "귀신에 대하여 과실을 피하기 위하여 금하는 것으로서 이것이 示를 따르는 이유이다. 후에 널리 길흉을 무론하고 법령이나 습속에 제지하고 기피하는 일이 되었다"라고 하였다. 《상용자해》는 "회의자이다. 林과 示의 조합자이다. 林은 곧 수목이 무성한 곳으로 옛 사람들은 신명이 이곳에 거주하는 것으로 믿었다. 示는 神에게 제사할 때 사용하는 제상의 형상이다. 禁은 제상을 세우고 신령에게 제사하는 신성한 구역에 있음을 표시한다. 이곳은 신성한 구역으로 짐승을 잡거나 속인이 들어가는 것을 금지하는 금단의 땅이다. 이에 禁에는 금지, 제지, 폐쇄의 뜻이 있다"라고 하였다.

禁자는 神에게 제사하는 형상으로, 신성한 지역에는 속인의 출입을 금하는 데서 금지의 뜻을 갖게 되었다. 속인을 금한다는 것은 神을 섬기는 사람에게는 정결을 요구하는 것이라 할 것이다. 이를 재계(齋戒)라 한다. 제사 전에 제관이 부정한 일을 멀리하고 몸과 마음을 깨끗이 하는 것을 재계라 하는데, 재계에는 산재(散齋)와 치재(致齋)가 있다. 기제사(忌祭祀)의 경우에는 제사 3일 전에 하는데, 산재 2일, 치재 1일이다.

《격몽요결》 제례장이다. "이른바 산재라는 것은 남의 장사에 조문하지 아니하고, 남에게 병문안하지 아니하고, 훈채를 먹지 아니하고, 술을 마시되 취하도록 아니하고, 무릇 흉하고 더러운 일에는 모두 참여하지 아니한다. (만약 길에서 갑자기 흉하고 더러운 일을 만나면 눈을 가리고 피하며 보지 말 것이다.) 이른바 치재라는 것은 음악을 듣지 아니하고, 밖에 출입하지 않으며, 제사를 지내는 대상인 사람을 전심으로 생각하며, 그 거처하던 곳을 생각하고, 그 웃고 말하던 것을 생각하고, 그 즐기던 바를 생각하고, 그 즐기며 이르던 바를 생각하는 것이다"라고 하였다. 훈채(葷菜)는 마늘, 파처럼 특이한 냄새가 나는 채소이다.

> "관유로 부음을 받고 위임되어 그 예복을 입은 대제사장은 그의 머리를 풀지 말며 그의 옷을 찢지 말며 어떤 시체에든지 가까이하지 말지니 그의 부모로 말미암아서도 더러워지게 하지 말며 그 성소에서 나오지 말며 그의 하나님의 성소를 속되게 하지 말라 이는 하나님께서 성별하신 관유가 그 위에 있음이니라 나는 여호와이니라"(레 21:10-12).

긍(矜) : 자식을 사랑하는 부모의 마음이다.

矜자는 '창자루 긍', '불쌍히여길 긍, 자랑할 긍'으로 새기는 글자로 矛+今(음)의 형성자이다. 《설문해자》는 "矜은 창의 자루이다. 矛(모)를 따르고, 今(금)은 소리이다"(矜, 矛柄也. 从矛, 今聲)라고 하였다. 矛는 '창 모'자이다. 단옥재의《설문해자주》에는 "矛를 따르고 令은 소리이다"(从矛, 令聲)라고 하였다. 단옥재의 주석에는 "방언에 창의 자루를 矜(린)이라 하였다…그러므로 옛적에 矜(린)을 빌려 憐(련)으로 하였다"라고 하였다. 矜은 '창자루 린'이고, 憐은 '불쌍히 여길 련'자이다. 《한자원류자전》은 "矜은 회의자 겸 형성자이다. 고문은 子를 따르고 令을 따른다. 불쌍히 여긴다는 뜻이다. 전문은 변화하여 矛를 따르고 今은 소리이다. 창자루를 표시하였다"라고 하였다.

단옥재의 설명과 함께 矜자는 子→矛, 令→今으로 변한 것을 알 수 있다. 令은 '명령할 령'자이다. 《설문해자》는 "令은 명령을 발하는 것이다. 亼(집)과 卩(절)을 따른 회의자이다"라고 하였다. 亼은 集(집)이다. 卩은 부절이다. 즉, 부절을 든 사람이 사람들을 모아 놓고 명령하는 것을 나타내고 있다. 矜의 고문은 子에 令을 더하였다. 즉, 어린 자식에게 명령을 하는 모습이다. 어린 자식에게 일을 시키는 부모의 마음은 안쓰럽고 측은할 것이다.《한자원류자전》이 불쌍히 여긴다는 뜻이라고 말한 이유일 것이다.

矜의 뜻은 창자루이다. 창은 고대의 무기로, 창을 든 사람이 스스로 자랑스러워하는 것은 이해할 수 있다. 한편 창자루를 뜻하는 矜자가 불쌍하다는 뜻을 가지는 것은 전쟁에서 패한 상대를 불쌍히 여겨야 한다는 뜻이라고 말하기도 하나, 의미의 연결이 쉽지 않다. 창자루를 뜻하는 矜자가 불쌍히 여긴다는 뜻을 갖는 연유는 矜의 고문이 子+令으로 된 데서 찾아야 할 것이다.

다섯 가지 불효가 있다. 그중 셋째는 "재물을 좋아하며 처와 자식만을 사랑하여 부모의 봉양을 돌보지 않음이 셋째 불효요"(好貨財, 私妻子, 不顧父母之養, 三不孝也)라고 하였다《소학》명륜 제2,《맹자》이루하).《명심보감》존심편은 "처자를 사랑하는 마음으로 부모를 섬기면 그 효도는 마음과 힘을 다한 것이다"(以愛妻子之心, 事親則曲盡其孝)라고 하였다.

출애굽 후 광야에서 불평하는 백성 때문에 모세가 하나님께 기도하기를 "이 모든 백성을 내가 배었나이까 내가 그들을 낳았나이까 어찌 주께서 내게 양육하는 아버지가 젖 먹는 아이를 품듯 그들을 품에 품고 주께서 그들의 열조에게 맹세하신 땅으로 가라 하시나이까"(민 11:12)라고 하였는데, 백성을 향한 모세의 마음에 부모의 마음은 없었다.

기(器) : 예식에서 음식을 나누는 것이다.

器는 '그릇 기'자로 皿(집)+犬(견)의 회의자이다.《설문해자》는 "器는 그릇이다. 그릇의 입을 본뜬 것이다. 犬은 그릇을 지키기 위해 사용한 것이다"(器, 皿也. 象器之口. 犬所以守之)라고 하였다. 개가 그릇을 지킨다는 것은 다만 그릇만이라기보다는 집을 지키는 것으로 보아야 할 것이다.《상용자해》는 "회의자이다. 皿과 犬의 조합이다. 口는 제사용 그릇으로 4개를 배열하고 중간에 犬을 두었다. 犬은 제기를 깨끗하게 하는 희생이다. 器는 제사에 사용하는 깨끗한 제기를 가리킨다. 器는 본래 종묘제기, 장례제기를 가리킨다. 후에 기구, 기계 등의 용어가 나타나고, 아울러 사람의 능력을 비유로 나타내게 된다"라고 하였다.《세설한자》는 "사람들이 떠들썩한 것을 囂(효)라 하고, 개가 짖는 것을 器라 한다. 그러므로 器자는 猌(개짖는소리 은)자의 초문이다"라고 하였다.《한자원류자전》은 "器는 회의자이다. 갑골문 喪(상)의 간화자이다. 皿을 따르고 桑(상)을 따른다. 무리가 뽕나무 아래에서 哭(곡)하는 것을 뜻한다. 고대 장례에서는 뽕나무 가지로 표시를 하였다. 때문에 桑과 喪의 音과 용법이 같았다. 후에 뜻이 달라지면서 글자의 형태도 같지 않게 되었다"라고 하였다.《한자원류정해자전》은 "犬은 고기이다. 개고기는 많은 사람이 즐기는 음식이다. 반드시 그릇에 담을 것이다"라고 하였다.

器에 대한 해석은 口자를 그릇으로 보면서 犬을 그릇을 지키는 것, 제사 그릇을 정결하게 하기 위한 희생, 그릇에 담긴 개고기로 보았다. 한편 口를 입으로 보면서 개가 짖는 소리이다, 장례에서 哭하는 것이라고 하였다.

器의 해석을 하나로 정의하기란 어렵다. 그러나 그릇이든, 입이든 그 뒤에는 사람이 있을 것이다. 그리고 獻(헌)자에서 보듯이 개는 제물로 사용되었다. 즉, 器자를 제사 등의 의식에서 참석자들이 제물의 개를 그릇에 담아 나누어 먹는 것으로 볼 수 있다. 器가 제사용 그릇의 정화 또는 장례의식이라는 주장을 빌리면 가능한 추론일 것이다. 또한 여러 사람을 품고, 함께 나눌 수 있는 사람이라면 그릇이 크다 할 것이다. 《예기》학기,《명심보감》권학편에는 "독학하면서 벗이 없으면 견문이 좁고 학식이 천박하다"(獨學而無友, 則孤陋而寡聞)라고 하였다. 학문이든 인간관계든 세상 경험과 다른 사람과의 교류 없이는 그릇을 키울 수 없다.

> "너희를 박해하는 자를 축복하라 축복하고 저주하지 말라 즐거워하는 자들과 함께 즐거워하고 우는 자들과 함께 울라"(롬 12:14-15).

내(耐) : 수염을 깎이는 형벌을 감내함이다.

耐는 '견딜 내', '구레나룻깎을 내'자로 《설문해자》에서 耐자는 耏(내)자의 이체자로 되어 있어 耏자조에서 耐자를 찾아야 한다. 《설문해자》는 "耏는 죄가 髡(곤)에 이르지 아니하는 것이다. 而(이)를 따르고 彡(삼)을 따른다. 耐는 이체자로서 寸(촌)을 따른다. 모든 법도의 글자는 寸을 따른다"(耏, 罪不至髡也. 从而, 从彡. 耐, 或从寸. 諸法度字, 从寸)라고 하였다. 단옥재의 주석은 "耐는 죄가 髡보다 가벼운 것이다. 髡은 머리털을 깎았다. 그 머리털을 깎지 아니하고 삼가 그 수염을 제거함이다. 이는 耐를 말함이다"라고 하였다. 죄인의 형벌로 머리털을 깎는 것을 髡이라 하고, 髡보다 가벼운 죄는 수염을 깎는데 이를 耐라 한다는 것이다.

《상용자해》는 "耐는 회의자이다. 而와 寸을 조합한 글자이다. 而는 머리털을 잘라 상투가 없는 사람을 정면에서 본 모습을 나타낸다. 즉, 비(雨)를 구하는 무축(巫祝)의 자세이다. 비를 필요로 하며 비가 내리기를 기다리는 것을 需(수)라고 부른다. 무축에 손(寸)을 더하여 무축이 역사하는 것을 표시하며 耐라고 일컫는다. '견디다'는 뜻이 있다. 설문에서는 耐를 耏와 같은 자로 칭하는데 정자는 耏이고, 아울러 해석하여 이르기를 '耏는 죄가 髡에 이르지 아니한 것이다'라고 하였다. 즉, 머리털을 자르는 것에 비하여 가벼운 죄를 耏라 일컫는 것이다. 다만 사실상 耐와 耏 두 글자의 함의와 용법은 대체로 같지 않다"라고 하였다.

한편 《광운》에서는 "耐는 忍(인)이다"(耐忍也)라고 하였다. 고대 사회에서 죄인에 대한 형벌로 수염이나 머리털을 깎았다는 것은, 남자가 수염을 깎는 것을 부끄러운 일로 여겼기 때문이다. 그리고 수염을 깎는 것은 수치를 감당하고 참아내는 일이기에, 수염을 깎는 형벌을 뜻하는 耐자가 인내를 뜻하는 글자로 발전하게 된 것이다. 1895년 단발령이 내려졌을 때 최익현은 "내 머리는 자를 수 있을지언정 내 머리털은 자를 수 없다"라고 하였다(진단학회, 《한국사》 현대편, 서울: 을유문화사, 1978, 722쪽). 즉 머리털 지키기를 목숨보다 귀하게 여겼던 것이다.

성경도 "제사장들은 머리털을 깎아 대머리 같게 하지 말며 자기의 수염 양쪽을 깎지 말며 살을 베지 말고 그들의 하나님께 대하여 거룩하고 그들의 하나님의 이름을 욕되게 하지 말 것이며"(레 21:5-6)라고 하였다. 사람이 참고 감당해야 할 것이 어찌 수염을 깎이는 부끄러움뿐일까?

> "너는 말씀을 전파하라 때를 얻든지 못 얻든지 항상 힘쓰라 범사에 오래 참음과 가르침으로 경책하며 경계하며 권하라"(딤후 4:2).

능(能) : 곰은 중심이 튼튼하다.

能은 '능할 능', '견딜 내'자이다. 곰의 모양을 본뜬 상형자이다. 《설문해자》는 "能은 곰의 종류이다. 다리의 형태는 사슴과 비슷하다. 肉(육)을 따르고, 㠯(이)는 소리이다. 곰과 같은 짐승은 중심이 튼튼하다. 그러므로 지혜로운 사람을 '현능'이라 말하고, 건장한 사람을 '능걸'이라 말한다. 무릇 能에 속한 것은 모두 能을 따른다"(能, 熊屬. 足似鹿. 从肉, 㠯聲. 能獸堅中, 故稱賢能, 而彊壯稱能傑也. 凡能之屬皆从能)라고 하였다. 현능(賢能)은 '덕과 재능이 있는 사람', 능걸(能傑)은 '재능이 뛰어나고 몸이 튼튼한 사람'이다. 곰의 다리가 사슴과 비슷하다는 것은 전문의 형태를 말하는 것이다.

《세설한자》는 "이러한 종류의 동물은 들짐승 중에 강한 것이다. 이에 그 뜻이 현능으로 파생되고, 그러한 건장한 사람을 능걸이라 부르게 되었다"라고 하였다. 能자는 곰을 본뜬 글자로서 厶(사)는 머리, 月은 몸통, 두 개의 匕(비)자는 발을 나타낸다. 곰이 힘이 있는 짐승이기 때문에 곰을 뜻하는 能자를 빌려 능력이라는 뜻으로 사용하면서 能에 灬(화)를 더한 熊(웅)자로 곰의 뜻을 표시하게 되었다.

《설문해자》는 能자를 설명하면서 곰을 堅中(견중)이라 하였다. 속이 단단하게 찼다는 것이다. 속이 차야 힘이 있다. 어떻게 해야 속이 차는가? 곰의 발바닥으로 만든 중국 요리를 熊掌(웅장)이라 한다. 요리에 사용하는 곰 발바닥은 앞발 중 하나이다. 겨울잠을 자는 동안 곰은 앞발 중 한쪽 발의 발바닥을 계속 혀로 핥는다. 겨우내 혀로 핥아서 퉁퉁 불은 발바닥을 떼어서 항아리 속에 볶은 쌀과 함께 묻고 1~2년 숙성시킨 후에 요리하여 음식으로 만들게 된다(조일문 편저, 《중국설화》, 서울: 건국대학교출판부, 1995, 408쪽). 웅장이 수년간의 숙성을 통하여 만들어지듯, 모든 일은 과정과 연단이 있을 때 맛을 낼 수 있다. 能자에는 '堅中', 곧 속이 단단하다는 뜻이 있다. 속이 단단할 때 힘이 있다.

《예기》 곡례편이다. "앵무새가 능히 말을 하나 새에서 벗어나지 못하고, 성성이가 능히 말을 하나 금수에서 벗어나지 못한다"라고 하였다. 앵무새가 사람의 말을 흉내 내서 말을 할 수 있으나, 말뜻을 모르니 새일 뿐이라 함이다. 곰이 힘이 있음은 그 속이 단단하고 실하기 때문이다.

> "이는 젖을 먹는 자마다 어린아이니 의의 말씀을 경험하지 못한 자요 단단한 음식은 장성한 자의 것이니 그들은 지각을 사용함으로 연단을 받아 선악을 분별하는 자들이니라"(히 5:13-14).

단(丹) : 주사의 붉은빛은 변하지 않는다.

丹은 '주사 단', '붉을 단'으로 상형자이다. 《설문해자》는 "丹은 파군(巴郡) 남월(南越)에서 생산되는 붉은 돌, 주사(朱砂)이다. 주사를 캐는 우물을 본떴다. 일설에는 주사의 형태를 본떴다 한다. 무릇 단에 속한 모두는 단을 따른다"(丹, 巴越之赤石也. 象采丹井, 一象丹形. 凡丹之屬皆从丹)라고 하였다. 파군은 지금의 사천 동부이고, 남월은 광동, 광서 일대이다. 《상용자해》는 "丹을 채굴하는 우물의 형태이다. 우물 가운데 단이 있는 형태를 나타낸다. 단은 유황과 수은을 함유한 화합물로 다홍빛(紅) 혹은 주홍빛(朱)의 흙이다. 이 때문에 丹이 붉은색의 뜻을 갖는다"라고 하였다. 전문, 금문, 갑골문의 형태는 우물 정(井)자와 우물 안의 주사(丶)를 볼 수 있고, 설문고문에서는 우물의 형태를 볼 수 있다. 丹은 붉은색을 가진 주사를 채굴하는 우물과 우물 속의 주사의 형태를 본뜬 글자이다. 그리고 주사가 붉은색을 가진 데서 丹이 붉다는 뜻을 갖게 되었다.

한편 丹은 일편단심(一片丹心)이라는 용어에서 볼 수 있듯이 성실

(誠實) 혹은 성심(誠心)의 뜻을 가지고 있다. 《한자원류정해자전》에서는 丹을 설명하는 중에 《여씨춘추》 성렴편을 인용하여 "단은 가히 갈(磨) 수가 있다. 그런데 그 붉은빛을 가히 빼앗을 수는 없다"(丹, 可磨也. 而不可奪赤)라고 하였다. 붉은색을 뜻하는 丹자가 성실, 성심의 뜻으로 발전하게 된 연유이다. 오늘날 주사가 대표적으로 사용되는 곳은 도장을 찍을 때 사용하는 인주이다. 인주는 전통적인 주사 분말과 쑥 잎과 피마자기름을 섞어 만든다. 이렇게 만든 인주로 찍은 낙관은 수백 년이 지나도 그 색이 변하지 않는다. 고구려나 로마 시대의 벽화에 주사가 사용되었다는 학자들의 연구를 보면, 주사의 붉은색의 수명은 그 끝을 알 수 없다 할 것이다. 丹자는 주사의 붉은색에서 붉다는 뜻을 갖고, 색이 변하지 않는 모습에서 성심, 성실의 뜻으로 발전한 글자이다.

정몽주의 〈단심가〉는 "이 몸이 죽어 죽어 일백번 고쳐 죽어, 백골이 진토되고 넋이라도 잇고 없고, 님 향한 일편(一片) 단심(丹心)이야 가실 줄이 이시랴"라고 하였다.

다니엘 시대 풀무불 앞의 세 성도는 "왕이여 우리가 섬기는 하나님이 계시다면 우리를 맹렬히 타는 풀무불 가운데에서 능히 건져내시겠고 왕의 손에서도 건져내시리이다 그렇게 하지 아니하실지라도 왕이여 우리가 왕의 신들을 섬기지도 아니하고 왕이 세우신 금 신상에게 절하지도 아니할 줄을 아옵소서"(단 3:17-18)라고 하였다.

담(淡) : 강물이 조용히 흐르는 모습이다.

淡은 '싱거울 담', '질펀히 흐를 염'자이다. 氵+炎(담)으로 형성자이다. 炎자는 '불꽃 염'과 '아름다울 담' 두 가지로 새긴다. 《설문해자》에서는 "淡은 맛이 엷은 것이다. 水를 따르고 炎은 소리이다"(淡, 薄味也. 从水, 炎聲)라고 하였다. 단옥재의 주석은 "물이 가득 찬 모습이다"(水滿皃)라고 했고, 《중문대사전》은 "평탄하고 넓은 것을 淡이라 한다"(平薄謂之淡)라고 하였고, 《강희자전》은 "淡淡은 물이 평탄하게 가득 차서 조용히 흐르는 모습이다"(淡淡安流平滿貌)라고 하였다.

이상의 해설들을 따르면 淡은 강물이 평탄하고 넓게 가득 차 흐르는 모습이다. 淡자를 '질펀히 흐를 염'자로 새기는 이유이다. 강에 물이 평탄하고 넓게 가득 차 흐를 때의 강물은 조용하게 흐른다. 반면 좁은 여울에서는 물소리를 내면서 세차게 흐른다. 물이 고요하게 흐르는 모습은 맛으로는 싱겁다고 할 것이다.

한편 淡자는 氵+炎이다. 炎은 '불꽃 염'자이다. 《설문해자》는 "炎은 불꽃이 위로 오르는 것이다. 火의 중첩을 따른다"라고 하였다. 炎

은 불꽃이 위로 타오르는 모습이다. 《세설한자》는 "炎자의 본의는 불꽃이 번성함이다"라고 하였다. 淡자를 氵에 炎을 더하여 물의 번성한 모습을 나타낸 것으로 추론한다면, 淡을 "물이 가득 찬 모습이다"라고 한 단옥재의 주석과도 연결 지을 수 있을 것이다. 淡은 강물이 넓고 평탄하게 흐르는 모습이다. 맛으로는 싱거운 맛이다. 《채근담》 도심편에서는 "짙거나 살찌거나 맵거나 단 것은 참 맛이 아니다. 참다운 맛은 오직 淡淡할 뿐이다"라고 하였다. 자극적인 음식은 한 번 먹기에는 좋지만 오래도록 먹을 수는 없다. 오래도록 먹을 수 있는 음식은 자극적이지 않은 것이다. 그러므로 맑고 엷은 것이 결코 연약한 것을 뜻하는 것만은 아니다. 오히려 맑고 엷은 맛 때문에 오래 지킬 수가 있는 것이다.

기독교 신앙은 어떠한가? 기독교, 특히 개신교 신앙의 특징에는 단순성이 있다. "교회에 대한 루터의 이상은 단순성이라는 커다란 미덕을 지향하고 있다"(A. E 맥그래스 저, 《종교개혁사상입문》, 박종숙 역, 서울: 성광문화사, 1992, 213쪽). "츠빙글리는 단순하고 소박한 예배 형식을 주장하였다"(유스토 L. 곤잘레스 저, 《종교개혁사》, 서영일 역, 서울: 은성출판사, 1989, 89쪽).

> "주께서 대답하여 이르시되 마르다야 마르다야 네가 많은 일로 염려하고 근심하나 몇 가지만 하든지 혹은 한 가지만이라도 족하니라 마리아는 이 좋은 편을 택하였으니 빼앗기지 아니하리라"(눅 10:41-42).

당(當) : 마주 보는 밭과 밭이 서로 맞음이다.

當은 '마땅할 당'자이다. 田+尙(음)으로 형성자이다. 《설문해자》는 "當은 밭과 밭이 서로 맞서는 것이다. 田(전)을 따르고, 尙(상)은 소리이다"(當, 田相値也. 从田, 尙聲)라고 하였다. 한편 尙자는 '숭상할 상', '짝지을 상'자로 八+向(음)의 형성자이다. 《설문해자》는 "向(향)은 북쪽으로 난 창문이다. 宀(면)을 따르고, 口를 따른다"라고 하였다. 《설문해자금석》의 주석은 "방(室)의 앞쪽(南) 창은 牖(유)라 하고 뒤쪽(北)의 창은 向이라 한다"라고 하였다. 向은 북쪽 창문으로 남쪽 창문과 마주하며 짝하고 있다.

한편 《중문대사전》은 "천자의 딸에 장가드는 것을 尙이라 한다"(娶天子女謂之尙), "尙은 짝(配)이다. 當과 통한다"(尙配也. 與當通)라고 하였다. 尙에는 '짝'의 뜻이 있다. 當은 田에 尙을 더하여 밭과 밭이 마주하면서 짝이 맞다는 뜻을 나타낸 것이다. 반포지효(反哺之孝)라는 말이 있다. 哺(포)는 '먹일 포'자이다. 反哺는 까마귀를 이르는 말이다. 까마귀는 새끼가 늙은 어미에게 먹일 것을 물어다 먹인다는 속설에서 反哺之孝가 자식이 부모를 봉양하는 것을 가리키는 말이 되었다. 부모가 자식을 먹여 길렀으니 자식이 부모를 봉양하는 것은 받은 것을 되돌려 갚는 것이라는 의미가 들어 있다.

한편 《채근담》(섭세편)은 "어버이가 자식을 사랑하고 자식이 어버이에게 효도하며, 형이 아우를 아끼고 아우가 형을 공경하여 비록 지극한 곳에 이르렀다 할지라도 이 모두 다 당연할 따름이요, 조금도 감격한 생각을 두지 말 것이니, 베푸는 이가 덕으로 자처하고 받는 이가 은혜라 생각한다면, 이는 곧 서로 모르는 행인과 다름이 없는지라 문득 장사꾼 마음에 떨어질 것이다"(…如施者任德, 受者懷恩, 便是路人, 便成市道)라고 하였다. 베푸는 이가 덕으로 생각하고 받는 이가 은혜로 생각한다면, 이는 부모자식의 일이 아니라 남남 사이의 일이라는 것이다. 채근담은 부모가 자식을 양육하고, 자식이 부모를 봉양하는 것은 부모로서 자식으로서 마땅히 할 바라고 말한다. 그러므로 부모자식 간에는 감사라는 말을 하지 않는다 말하기도 한다. 《명심보감》(존심편)은 "은혜를 베풀었거든 갚기를 바라지 말고, 남에게 주었거든 뒤에 후회하지 말라"(施恩勿求報, 與人勿追悔)고 하였다. 當자는 '마땅할 당'자이다. 밭과 밭이 짝이 맞듯이 사람의 행한 일이 그 지위에 맞음이 마땅하다는 것이다.

> "이와 같이 너희도 명령 받은 것을 다 행한 후에 이르기를 우리는 무익한 종이라 우리가 하여야 할 일을 한 것뿐이라 할지니라"(눅 17:10).

독(獨)

篆文

독(獨) : 무리에서 나와 홀로 선 수컷이다.

　獨은 '홀로 독'자로 犭(=犬)+蜀(음)의 형성자이다.《설문해자》는 "獨은 개가 서로 만나면 싸우는 것이다. 犬을 따르고 蜀(촉)은 소리이다. 羊은 무리 지어 살며, 개는 혼자 지낸다. 일설에 북효산(北嚻山)에 독욕(獨狢)이라는 짐승이 있는데, 모양은 호랑이 같은데 몸은 백색이고, 갈기가 돼지와 같고, 꼬리는 말과 같다"(獨, 犬相得而鬥也. 从犬, 蜀聲. 羊爲羣, 犬爲獨也. 一曰, 北嚻山有獨狢獸, 如虎, 白身, 豕鬣, 尾如馬)라고 하였다. 북효산과 독욕은 모두《산해경》에 나오는 이름이다. 蜀은 '나비애벌래 촉', '큰 닭 촉, 하나(一) 촉' 등으로 새긴다. 그 외에《중문대사전》에서는 "산이 외로이 서 있는 것이다"(山之孤立者也)라고 한다.《설문해자》는 蜀에 대하여 "蜀은 뽕나무 가운데 있는 누에와 비슷한 벌레이다. 虫을 따르고, 위의 目자는 蜀의 머리 형상이고, 가운데는 그 몸을 구부린 형상이다"라고 하였다.

　《상용자해》는 "獨은 형성자로 성부는 蜀이다. 蜀은 짐승의 수컷의 형태를 나타낸다. 虫은 성기(性器)를 표시한다. 짐승의 수컷은 많은 무리 중에서 단독으로 행동한다. 이에 獨의 외톨이 짐승의 뜻과 모양을 사람에게 사용하게 되었다"라고 하였다. 獨을 《설문해자》는 무리에 들지 않는 개(犬)로, 《상용자해》는 무리에 들지 않는 수컷 짐승으로 보았다. 獨은 개 또는 짐승의 수컷이 무리에 들어가지 않고 단독 행동을 하는 데서 '홀로'라는 뜻을 가진 글자이다. 파자를 하면 獨은 犬(犭)에 '하나'(一)라는 뜻의 蜀을 더하여 개가 홀로 있는 것을 뜻하고 있다.

《사기》 공자세가에는 공자가 정(鄭)나라로 갔는데 제자들과 떨어져 홀로 성곽의 동문에 서 있었다. 홀로 서 있는 공자를 본 어느 정나라 사람이 제자 자공에게 공자를 가리켜 하는 말이 "피로한 모습이 상갓집 개와 같았다"(纍纍若喪家之狗)라고 하였다. 상갓집 개는 떠돌이 개다. 세상을 떠돌며 뜻을 펴지 못하는 공자의 모습이요, 세상에 아첨하지 않고 뜻을 지킨 공자의 홀로서기라 할 것이다. 《대학》은 "소인은 한가로움에 선하지 못한 일을 행함에 이르지 못할 바가 없다.…그러므로 군자는 반드시 그 홀로 있음에 삼간다"라고 하였다. 한가롭다는 것은 한가롭게 홀로 있다는 말이다. 보는 이 없을 때 소인의 행동은 방종하고, 군자는 조심하고 삼간다는 것이다. 이로부터 愼獨(신독), 곧 '홀로 있을 때도 삼감'이라는 말이 나왔다.

다윗은 한가로운 때에 밧세바에게 미혹되었고, 요셉은 보디발의 아내가 유혹하는 은밀한 자리에서 하나님을 생각하였다.

려(旅) : 오백 인의 군사요 나그네이다.

旅는 '나그네 려'자로 㫃(언)+从(종)의 회의자이다. 《설문해자》는 "旅는 오백 인의 군대를 말한다. 㫃을 따르고, 从을 따른다. 从은 많은 사람이 함께 가는 것이다"(旅, 軍之五百人爲旅. 从㫃, 从从. 从俱也)라고 하였다. 《상용자해》는 "㫃은 바람에 나부끼는 깃발을 깃대에 매는 것으로 씨족의 깃발을 가리킨다. 从은 왼쪽으로 향한 두 사람이 서로 앞뒤로 따르는 형상을 나타낸다. 旅는 씨족의 깃발을 들어 일으키면서 출정한다는 뜻이다"라고 하였다. 㫃은 '깃발펄럭일 언'자이다. 从은 사람들이 앞뒤로 따라가는 모습이다. 즉, 㫃에 从을 더하면서 깃발을 앞세우고 사람들이 모여 행진하는 모습이다. 부족 간의 전쟁 때문일 수 있고 출정하는 군대일 수도 있다. 그러므로 《설문해자》는 旅를 오백 인의 군대라 하였다. 오늘날도 군대의 편제 단위에 旅를 쓰는 것은 고대로부터 전해진 제도이다.

한편 군인들이 먼 길을 출정하면서 집을 떠나게 되니 나그네라는 뜻으로, 또 여행이라는 뜻으로 발전하게 된 글자이다. 려(旅) 族(족)

자는 㫃에 '화살 시(矢)'자를 더하였다. 부족의 사람들이 화살의 무기를 들고 부족의 깃발 아래 모인 것으로 겨레, 일가의 뜻을 나타낸 것을 알 수 있다. 旅는 집을 떠나 출정하는 군인들의 모습이다. 중국 한시에는 출정한 군인들과 그들을 기다리는 여인들의 애환을 담은 시가 많이 있다.

이백의 시에 "자야사시가"(子夜四時歌)라 하여 춘하추동의 사계절을 노래한 시가 있다. 그중에 "가을 노래"를 소개한다. "장안성엔 한 조각 달, 집집마다 다듬이 소리 울린다. 끝없는 가을바람 소리에, 마음은 온통 옥문관 생각이라. 어느 날에나 오랑캐 평정하고, 우리 남편 원정을 마칠까?"(長安一片月, 萬戶擣衣聲, 秋風吹不盡, 總是玉關情, 何日平胡虜, 良人罷遠征)

고대 중국에서 출정하는 군사는 입을 옷과 무기 등을 스스로 준비하였다. 이에 가을이 되면서 출정 나간 남편의 겨울옷을 준비하는 여인들의 다듬이 소리가 장안성 가득히 울려 퍼지는 것이다. 천상병 시인은 "나 하늘로 돌아가리라, 아름다운 이 세상 소풍 끝내는 날"이라고 하였다. 그렇다. 성도는 세상에서는 나그네이다. 그러나 그 나그네는 다만 세상에 소풍 온 사람일 뿐인가? 성경은 성도를 가리켜 그리스도의 군사라 하였다. 旅자는 '나그네 려'자이다. 그러나 성도는 소풍 온 나그네가 아니라 출정한 군사이다.

"사랑하는 자들아 거류민과 나그네 같은 너희를 권하노니 영혼을 거슬러 싸우는 육체의 정욕을 제어하라"(벧전 2:11).

령(靈) : 신을 섬기는 무녀이다.

靈은 '신령 령', '영혼 령'자로 巫+霝(음)의 형성자이다. 《설문해자》는 "靈(령)은 무녀이다. 玉으로서 神을 섬긴다. 玉을 따르고 霝(령)은 소리이다. 靈은 靈의 이체자이다. 巫(무)를 따른다"(靈, 靈巫也. 以玉, 事神, 从玉, 霝聲. 靈, 靈或, 从巫)라고 하였다. 원문의 靈巫에 대하여 《설문해자금석》은 "楚(초)지방 사람들은 巫를 이름하여 靈이라 하였다. 그것을 연이어 말한즉 靈巫가 된다"라고 하였다. 靈巫는 巫를 말함이다. 《중문대사전》은 靈巫를 女巫라 하였다. 玉을 따르는 것에 대하여 《한자해형석의자전》은 "고대에는 玉이 신령한 기운이 있어 神과 통하는 것으로 생각하였다. 霝은 비가 내리는 것으로 神의 강림을 비유한다. 靈은 神에게 복을 내리고 재난을 제하여 줄 것을 기도하는 무녀이다"라고 하였다. 《상용자해》는 靈에 대하여 "霝은 비를 구하는 것을 표시한다. 3개의 口(祭器)를 배열하고 기도를 진행하는 것이다. 巫는 곧 비를 구하는 행사에서 활동하는 무녀를 가리킨다. 靈은 본래 비를 구하는 의례를 가리킨다. 다만 비를 구하는 때에만

口를 배열하는 것은 아니다. 신령의 강림을 구할 때 口를 배열하는 것은 중요하며, 그 후에 기도한다. 이 때문에 후에 靈의 뜻이 신령 자체를 가리키게 되었다"라고 하였다.

한편《설문해자》는 "霝은 비가 내리는 것이다. 雨를 따르고 吅(령)은 빗방울이 떨어지는 모습을 본뜬 것이다"라고 하였다. 靈자는 무녀 또는 신의 강림을 구하는 의식을 뜻하는 것에서 영혼, 신령을 뜻하는 글자로 발전하였다. 靈의 본뜻은 무녀이다. 즉, 神을 섬기는 사람이다. 또한《설문해자》는 靈자를 정자로 하였다. 靈자에는 玉자가 있어《설문해자》는 玉으로 神을 섬긴다 하였다.

《예기》월령은 "仲春(중춘)에는…제사에 희생을 사용하지 않고 옥과 가죽과 비단을 사용한다"(祀不用犧牲用圭璧更皮幣)라고 하였다. 옥을 귀하게 여겨 제물로 드린 것이다.《논어》옹야장에 "敬鬼神而遠之"(경귀신이원지)의 구절이 있다. 대부분은 "귀신을 공경하되 그것을 멀리하라"로 해석한다. 양백준의《논어역주》는 "엄숙히 귀신을 대접하되, 다만 타산(打算)적으로 그에게 접근하지는 말라"(嚴肅地對待鬼神, 但並不打算接近他)고 하였다. 제사에 옥을 드리는 마음이 그러할 것이다.

> "한 사람이 두 주인을 섬기지 못할 것이니 혹 이를 미워하고 저를 사랑하거나 혹 이를 중히 여기고 저를 경히 여김이라 너희가 하나님과 재물을 겸하여 섬기지 못하느니라"(마 6:24).

리(利) : 곡식을 베는 낫의 형상이다.

利는 '날카로울 리', '이로울 리'로 刂(刀)+禾(화)의 회의자이다. 《설문해자》는 "利는 날카로움이다. 刀를 따른다. 和順(화순)한 후에 利로움이 있다. 和의 생략을 따른다. 易에 가로되 利는 義에 화합함이다. 秈(리)는 고문의 利자이다"(利, 銛也. 从刀. 和然後利, 从和省. 易曰, 利者, 義之和也. 秈, 古文利)라고 하였다. 화순한 후에 이로움이 있다는 것은 《주역》 건괘(乾卦) 문언(文言)의 "利는 義에 화합함이다"에 근거한 것으로 字意와는 거리가 있다. 원문의 銛(섬)자는 '쟁기 섬', '날카로울 섬'자이다. 단옥재의 주석은 "銛이라는 것은 가래의 종류이다. 발전하여 예리(銳利)함이 되었다"라고 하였다. 利는 본래 농기구인 쟁기를 뜻하는 글자로서 쟁기의 끝이 날카로운 데서 날카롭다, 예리하다는 뜻을 갖게 된 글자라 함이다.

《한어대자전》은 "利는 犁(려)의 초문이다"라고 하였다. 犁는 '쟁기 려'자이다. 《상용자해》는 "회의자이다. 禾와 刀를 조합한 형태이다. 칼을 사용하여 곡물을 베는 형태를 나타낸다. 곡물을 베는 데서 취

득을 의미하게 된다. 따라서 利는 이익을 얻다, 이익의 뜻이 있게 된다"라고 하였다. 利자는 본래 가래, 낫과 같은 농기구를 뜻하는 글자로서, 농기구가 갖는 예리함에서 날카롭다, 예리하다는 뜻으로 발전하고, 다시 낫을 가지고 곡물을 베는 데서 얻다, 이익 등의 뜻으로 발전한 글자이다. '조장'(助長)이라고 한다. '도울 조(助)', '기를 장(長)'으로 자라는 것을 돕는다는 뜻이다.

반면 빨리 자라도록 돕다가 도리어 일을 그르친다는 뜻이 있다. 《맹자》 공손추 상2이다. "송나라 사람이 심은 싹이 자라지 않는 것을 근심하여 그 싹을 조금씩 뽑아 올렸다. 그 사람이 피곤하여 돌아가 집안사람들에게 말하기를 '오늘은 피곤하다. 내가 싹이 자라나는 것을 도와주었다' 하매, 그 아들이 뛰어가 보니 싹이 말라 버렸다"라고 한다. 이로부터 '助長'이라는 말이 나오게 되었다. 모든 일은 과정이 있는 것이다. 농기구의 날을 예리하게 갈고, 익은 곡식을 거두는 수고의 뒤에 거둠과 이익이 있는 것이요, 이러한 과정이 빠지고 얻는 이익은 스스로를 해치고, 헛된 것이리라.

> "또 이르시되 하나님의 나라는 사람이 씨를 땅에 뿌림과 같으니 그가 밤낮 자고 깨고 하는 중에 씨가 나서 자라되 어떻게 그리 되는지를 알지 못하느니라 땅이 스스로 열매를 맺되 처음에는 싹이요 다음에는 이삭이요 그다음에는 이삭에 충실한 곡식이라 열매가 익으면 곧 낫을 대나니 이는 추수 때가 이르렀음이라"(막 4:26-29).

맥(麥) : 보리는 서역에서 왔다.

麥은 '보리 맥'자이다. 來(래)+夊(치)로 회의자이다. 《설문해자》에서는 "麥은 까끄라기가 있는 곡식이다. 가을에 심으며 깊이 묻는다. 그러므로 麥이라 일컫는다. 麥은 金이다. 金이 왕성하면 살고, 火가 왕성하면 죽는다. 來를 따름은 이삭이 있는 곡식이기 때문이다. 夊를 따른다. 무릇 麥에 속한 것은 모두 麥을 따른다"(麥, 芒穀. 秋種厚薶. 故謂之麥. 麥, 金也. 金王而生, 火王而死. 从來, 有穗者. 从夊. 凡麥之屬皆从麥)라고 하였다. 오행에서 金은 가을이고, 火는 여름이다. 金이 왕성하면 살고, 火가 왕성하면 죽는다는 것은, 곧 가을에 심고 여름이 되면 거두는 것을 말한다. 한편 《설문해자》는 來에 대하여 "까끄라기의 형태를 본떴다. 천축으로부터 온 바이다. 그러므로 가고 옴의 '오다'로 하였다"(象芒束之形. 天所來也. 故爲行來之來)라고 하였다. 《설문해자》는 來자는 본래 보리를 뜻하는 글자인데 보리가 서역으로부터 온 데서 來자가 '오다'는 뜻을 가지게 되었다 하는 것이다.

《설문해자금석》에서는 "天所來"에 대하여 장순휘의 《約注》(약주)

를 인용하여 "옛사람이 주(周)나라 땅을 취하여 한 말이다", "보리 종류는 외국으로부터 왔다"라고 하였다. 주나라는 중국의 서쪽에 위치하면서 서역의 문물을 먼저 받은 지역이다. 그러므로 설문에서 말하는 '天'은 '하늘'이 아니라 서역의 天竺(천축)을 가리킨 말로 보아야 할 것이다. 《중문대사전》에서는 天을 天竺의 약칭으로 설명하기도 한다. 來자가 보리를 뜻하는 데서 오다는 뜻으로 바뀌어 쓰이게 되자, 다시 보리를 뜻하는 글자로 麥자를 만들게 된다. 그러므로 《설문해자》는 麥자가 來자를 따른다고 한 것이다. 麥자에 있는 來자는 본래 보리를 뜻하는 글자로서, 보리가 서역으로부터 온 데서 '오다'라는 뜻으로 발전한 글자이다. 즉, 麥자의 來자는 보리가 서역으로부터 온 것임을 말하고 있다.

《명심보감》 성심편에서는 "몸에 한 오라기 실을 걸치면 항상 베짜는 여인의 수고를 생각하고, 하루에 세 끼의 밥을 먹으면서 매번 농부의 노고를 생각하라"고 하였다. 내가 입는 옷과 먹는 밥이 어디서 왔는지, 어떤 사람들이 수고하였는지를 알라는 말이다.

> "여호와여 이제 내가 주께서 내게 주신 토지 소산의 맏물을 가져왔나이다 하고 너는 그것을 네 하나님 여호와 앞에 두고 네 하나님 여호와 앞에 경배할 것이며 네 하나님 여호와께서 너와 네 집에 주신 모든 복으로 말미암아 너는 레위인과 너희 가운데에 거류하는 객과 함께 즐거워할지니라"(신 26:10-11).

목(睦) : 눈매가 순한 것이다.

睦은 '화목할 목'자로 目+坴(음)의 형성자이다.《설문해자》는 "睦은 눈이 순한 것이다. 目을 따르고 坴(륙)은 소리이다. 일설에 공경하고 화순함이다. 𥈢(목)은 고문의 睦이다"(睦, 目順也. 从目, 坴聲. 一曰, 敬和也. 𥈢古文睦)라고 하였다.《자통》에서는 "坴은 또한 陸(륙)이다. 陸은 성소의 막사를 돌면서 신령을 영접하는 모습이다. 이렇게 친히 영접하는 것을 睦이라 말한다.…사람에 대한 친화의 정을 말하는 것으로 발전하였다"라고 하였다.《설문해자》는 "陸은 높고 평탄한 것이다. 𨸏(부)를 따르고 坴을 따른다. 坴은 또한 소리이다"라고 하였다. 𨸏는 '언덕 부'자이다.《중문대사전》은 𨸏를 阜(부)의 본자라 하였다. 阜는 '언덕 부'자이다. 坴자와 陸자는 같으며, 陸은 '언덕 륙'자로서 높고 위가 평평한 땅을 말한다. 산에 골이 깊고 기복이 많으면 산이 험하다고 한다. 반대로 산에 골이 얕고 평평하면 산이 순하다고 한다. 睦자는 '눈 목(目)'자에 평평한 언덕을 뜻하는 坴을 더하였다. 즉, 눈매가 순하다는 것이다.

《삼국지연의》에서 인물의 눈에 대하여 말하기를, 유비는 눈이 자신의 귀를 볼 수 있고(目能自顧其耳), 장비는 눈이 동그란 고리눈이고(環眼), 관우는 붉은빛의 봉의 눈이고(丹鳳眼), 조조는 가늘게 찢어진 세안(細眼)이라 하였다. 유비의 눈이 자신의 귀를 볼 수 있다는 것은 그만큼 시야가 넓어 두루 살필 수 있다는 것으로 해석할 수 있다. 성품 또한 원만하다는 것을 의미한다. 그에 비하여 조조의 가늘게 찢어진 눈은 보는 것이 날카로우면서도 편협한 것을 말한다. 그러한 조조를 삼국지에서는 간웅(奸雄)이라 하였다. 조조가 주유의 반간계에 속아 수하의 채모와 장윤을 죽인 일을 노래하기를 "조조 같은 간웅도 당해내지 못하고, 잠시 주랑의 모략에 빠졌네"라고 하였다.

성경은 레아와 라헬에 대하여 "레아는 부드러운 눈매를 하고 있었지만, 라헬은 몸매도 아름답고 용모도 예뻐서 야곱은 라헬을 더 좋아하였다"(창 29:17-18, 공동번역), "라헬이 자기가 야곱에게서 아들을 낳지 못함을 보고 그의 언니를 시기하여 야곱에게 이르되 내게 자식을 낳게 하라 그렇지 아니하면 내가 죽겠노라"(창 30:1), "여호와께서 레아가 사랑받지 못함을 보시고 그의 태를 여셨으나 라헬은 자녀가 없었더라"(창 29:31)고 하였다. 레아의 부드러움과 라헬의 투기 어린 모습, 그리고 하나님이 레아를 사랑함을 볼 수 있다. 화목(和睦)의 睦자는 눈이 순한 것이다. 레아의 눈이 그러하다.

백(白) : 백색은 으뜸의 색이다.

白은 '흰 백'자로 햇빛 혹은 흰 뼈를 본뜬 상형자이다. 《설문해자》는 "白은 서쪽의 색이다. 陰(음)이 일을 처리하는 것으로 그 색을 白이라 한다. 入이 二와 합하는 것을 따른다. 二는 음수이다. 무릇 白에 속하는 것은 모두 白을 따른다"(白, 西方色也. 陰用事, 物色白. 从入合二. 二陰數. 凡白之屬皆从白)라고 하였다. 오행에서는 서쪽은 날로는 저녁이고, 절기로는 가을이다. 한낮과 여름의 양기가 저녁과 가을에는 식어지면서 음기가 일어난다. 그래서 "陰이 일을 처리한다"는 것이다. 또한 가을이 되면 이슬이 내린다. 아침이슬의 색은 흰색이다. 사물이 확장하는 것은 양이고, 응축하는 것은 음이다. 그런즉 出은 양이고, 入은 음이다. 홀수는 양이고, 짝수는 음이다. 《설문해자》에서 "入이 二와 합한다"는 것은 入과 二가 陰으로 합한다는 말이다.

《정중형음의종합대자전》은 "금문의 白자는 손으로 주먹을 쥐고 엄지를 추켜세운 형상으로 제일의 뜻으로 생각하였다"라고 하였다. 《상용자해》는 "白자는 이미 백골을 이룬 두개골의 형상이다. 이로

인해 백이 백색의 뜻을 갖는다. 전쟁에서 적의 수령의 해골을 취하는데, 걸출한 인물의 두개골을 취하면 비범한 영적 힘을 갖는 것으로 생각하였다. 이로부터 걸출한 인물에 속하는 우두머리를 伯(백)이라 부르게 되었다"라고 하였다. 《한자원류자전》은 "갑골문은 흰 쌀알의 형태이다"라고 하고, 《한자해형석의자전》은 "해가 지평선으로부터 떠오르면서 햇살이 퍼져 동이 트는 형상이다"라고 하였다.

한편 《설문해자》는 "白은 이 또한 自자이다. 自를 생략한 것이다. 말의 기운은 코로부터 나오고 입과 더불어 서로 도운다"라고 하였다. 白자를 코와 입을 합한 형상으로 보았다. 白자는 해골의 형상이라고도 하고, 아침 해라고도 하는 데서 백색의 뜻을 갖고, 주먹을 쥔 손이 내민 엄지라고도 하고, 적의 수장의 해골이 영험하다는 등에서 '제일'이라는 뜻을 가지며, 한편 白을 입의 형상으로 보면서 白자가 '말하다'라는 뜻을 갖는다. 공사장 안내판에 'OOO 白' 하는 것은 'OOO가 아뢰다'라는 뜻이다. 白자는 '제일'이라는 뜻을 가지고 있다. 그래서 큰아버지를 伯父(백부)라고 부른다.

성경은 "이기는 자는 이와 같이 흰옷을 입을 것이요 내가 그 이름을 생명책에서 결코 지우지 아니하고 그 이름을 내 아버지 앞과 그의 천사들 앞에서 시인하리라"(계 3:5)고 하였다. 흔히 성경의 흰옷을 순결의 뜻으로 해석을 한다. 그러나 白자의 제일의 뜻으로 이기는 자의 옷으로 해석해도 좋을 것이다.

변(變) : 엉클어진 실뭉치를 두드려 고르게 함이다.

變은 '변할 변'자이다. 䜌(련)+攵(복)의 회의자이다. 《설문해자》는 "變은 고치는 것이다. 攵을 따르고 䜌은 소리이다"(變, 更也. 从攵, 䜌聲)라고 하였다. 䜌은 '어지러울 련'이다. 《설문해자》는 "䜌은 어지러움이다. 일설에 다스림이다. 일설에 끊어지지 않음이다. 言과 絲(사)를 따른다. 𢒇(련)은 고문의 䜌이다"(䜌, 亂也. 一曰治也. 一曰不絕也. 从言絲. 𢒇古文䜌)라고 하였다. 𢒇은 䜌의 고문이다. 그렇다면 䜌의 뜻은 𢒇에서 찾아야 할 것이다.

《설문해자계전》은 𢒇에 대하여 "어지럽게 엉킨 실을 손으로 정리하는 것을 본뜬 것이다"라고 하였다. 𢒇은 엉킨 실뭉치를 두 손으로 정리하는 모습이다. 《설문해자금석》은 주석에서 "䜌은 소리이며, 소리 가운데 뜻이 있다. 䜌은 어지러움이다. 본뜻은 말이 문란(紊亂)한 것으로 한 뭉치의 어지러운 실뭉치와 같음이 있다. 발전하여 무릇 어지러움의 지칭이 되었다. 攵을 따르며 手를 사용하여 정리하며 변경하여 고쳤다"라고 하였다.

《한자해형석의자전》은 "變은 손을 가리키는 攴을 따르며 䜌은 소리이다. 䜌은 어지러움으로 실이 어지러우면 처음부터 정리하여 질서를 잡도록 한다. 말이 많으면 일의 이치를 따라야 비로소 조리가 있게 된다. 變은 직접 손으로 정리하여 고치는 것이다"라고 하였다. 變 자에는 실을 뜻하는 糸(사)자가 두 개가 있다. 그리고 攴자는 '두드릴 복'자로 손에 막대기를 잡고 두드리는 것을 뜻한다. 즉, 變자에서는 손에 잡은 막대기로 실뭉치를 두드리는 형태를 볼 수 있다. 엉클어진 실뭉치를 두드려서 엉킨 것을 풀고 고르게 하는 데서 변하다, 고치다는 뜻을 갖게 된 글자로 볼 수 있다. 올바른 변화는 어지러운 것을 바르게 정리하고, 조리 없는 말과 지식에 조리를 세우는 것이다.

《논어》 팔일편이다. "공자께서는 태묘에 들어가 매사에 물으셨다"라고 한다. 공자는 태묘에 제사를 지내면서 모든 일을 다른 사람에게 물었다. 그러므로 공자는 네 가지가 없으니 "자의(恣意)가 없고, 억지가 없고, 고집이 없고, 독선(獨善)이 없다"(毋意毋必毋固毋我, 논어 자한)라고 하였다.

"너희가 어찌하여 매를 더 맞으려고 패역을 거듭하느냐 온 머리는 병들었고 온 마음은 피곤하였으며 발바닥에서 머리까지 성한 곳이 없이 상한 것과 터진 것과 새로 맞은 흔적뿐이거늘 그것을 짜며 싸매며 기름으로 부드럽게 함을 받지 못하였도다"(사 1:5-6).

징계의 매를 맞으면서도 깨닫지 못하고 자기를 고집하며 변할 줄 모르는 이스라엘을 향한 하나님의 말씀이다.

병(餠) : 밀가루를 빚어 하나의 떡이 됨이다.

餠은 '떡 병'자로 食+幷(음)의 형성자이다. 《설문해자》는 "餠은 밀가루 단자이다. 食을 따르고, 幷(병)은 소리이다"(餠, 麪餈也. 从食, 幷聲)라고 하였다. 단자(團子)는 밀가루를 빚어 편편하고 둥글게 만든 떡이다. 《한자원류자전》은 餠에 대하여 "밀가루를 주원료로 하고 기타 재료를 넣어 만든 식품으로 대개 편편하고 둥근 형태로 굽거나 찌거나 기름에 튀겨 식용으로 한다"라고 하였다. 餠자는 食+幷이다. 《석명》에서는 "餠은 幷이다. 밀가루를 물로 반죽하여 합치는 것이다"(餠, 幷也. 溲麪使合幷也)라고 하였다. 幷자는 '어우를 병'자로 합친다는 뜻이다.

《왕력고한어자전》은 倂(병)자에 대하여 "倂, 幷, 竝의 세 글자는 뜻은 같고 음은 다르다. 《설문해자》에서 '幷은 서로 따르는 것이다'라고 말하고, 주준성은 말하기를 '따라서 합하여 하나가 됨을 幷이라 한다'라고 하였다"라고 기록한다. 幷자의 갑골문에는 두 사람이 한 방향으로 서 있는 것을 볼 수 있다. 幷자의 뜻은 합하여 하나가

되는 것이다. 食에 并을 더하여 밀가루 등의 곡식가루를 빚어 만든 떡을 餠이라 한다. 각각 흩어진 가루들이 빚어져 하나의 떡이 되고 있다.

두보의 시 〈객지〉(客至)이다. "집의 앞뒤가 모두 봄물인데, 다만 갈매기가 무리 지어 나날이 날아온다. 꽃잎 내린 길은 손님이 없어 쓸지 않았는데, 오늘 비로소 그대 맞아 사립문을 연다. 시장이 멀어 맛있는 반찬 없고, 집이 가난하여 항아리에는 다만 묵은 술. 이웃 노인 함께 마심이 괜찮다면, 울타리 넘어 불러 남은 잔 다 비우리"라고 하였다. 음식은 사람과 사람을 연결하는 고리이다. 고향의 鄕자의 갑골문은 음식을 가운데 놓고 두 사람이 마주하고 있는 형상이다. 鄕자는 함께 밥을 먹는 것이 본뜻이다. 함께 밥을 먹던 고을이 고향이다. 餠자는 떡이다. 밀가루를 빚어 하나의 덩어리로 만든 것이다.

1858년에 출판된 문리관주《신구약성서》는 다음 성경구절의 떡이 餠으로 되어 있다.

> "예수께서 이르시되 나는 생명의 떡이니 내게 오는 자는 결코 주리지 아니할 터이요 나를 믿는 자는 영원히 목마르지 아니하리라"(耶穌曰, 我卽生之餠, 就我者決不饑, 信我者永不渴, 요 6:35).
> "우리가 축복하는 바 축복의 잔은 그리스도의 피에 참여함이 아니며 우리가 떼는 떡은 그리스도의 몸에 참여함이 아니냐 떡이 하나요 많은 우리가 한 몸이니 이는 우리가 다 한 떡에 참여함이라"(吾所祝之杯, 非共享基督之血乎, 我所擘之餠, 非共享基督之身乎, 旣共享一餠, 則共爲一體, 猶一餠焉, 고전 10:16-17).

보(保) : 아이를 업은 어른

保자는 '도울 보', '기를 보, 편안할 보', '보증 보' 등의 뜻을 갖는 글자이다. 保자의 구성은 人+孚(音)의 형성(形聲)으로 보기도 하고, 人+子의 회의(會意)로 보기도 한다. 《설문해자》는 "保는 기르는 것이다. 人을 따르고, 㝈(부)의 생략을 따른다. 㝈는 고문의 孚(부)이다"(保, 養也. 从人. 从㝈省. 㝈, 古文孚)라고 하였다. 㝈는 孚의 古字이다. 孚는 '믿을 부', '기를 부'자이다. 《설문해자》에서는 "孚는 알이 곧 부화하는 것이다. 爪(조)를 따르고, 子를 따른다"(孚, 卵即孚也. 从爪, 从子.)라고 하였다. 爪는 '손톱 조'자이다. 孚자는 새가 알을 품어 부화시키는 것을 형상화한 것으로 볼 수 있다. 孚의 발음이 '부'인 것은 새가 알을 품고 엎드린 것(伏)에서 왔다고도 한다.

《설문해자》는 呆(보)를 㝈를 간략히 한 것으로 보았다. 呆는 '어리석을 매(呆)', '지킬 보'로 새기는 글자로《강희자전》은 "呆는 '보'라 읽는다. 保와 같다"(呆補道切同保)라고 하였다. 呆는 保의 古字이다. 呆자는 강보에 싸인 아기를 본뜬 것으로 본다. 《세설한자》에서는 保자를 "어른이 손을 길게 뻗어 등에 어린아이를 업고 두 팔로 껴안고 있는 것이다"라고 하였다. 保자는 사람이 어린아이를 등에 업고 기르는 모습이다.

《논어》 양화편에서 공자의 제자 재아(宰我)가 스승에게 묻기를 "삼 년의 상은 기한이 너무 깁니다"라고 할 때 공자가 대답하기를 "자식은 나서 삼 년이 되어야 비로소 부모의 품에서 벗어나듯, 부모의 상을 삼 년 모시는 것은 천하의 공통된 상례법이다"라고 하였다. 공자는 우리가 삼년상을 하는 이유를 자식이 태어나 삼 년을 부모의 품에서 양육을 받아야 부모의 품을 벗어날 수 있는 데서 찾고 있다. 사람이 생물학적으로 홀로서기를 할 수 있는 시기가 생후 4년이라는 말이다. 이후 교육을 받고 경제적으로 홀로서기를 하기까지는 또 20년 이상의 부모의 돌봄이 필요한 것이 사람이다.

성경은 "광야에서도 너희가 당하였거니와 사람이 자기의 아들을 안는 것같이 너희의 하나님 여호와께서 너희가 걸어온 길에서 너희를 안으사 이곳까지 이르게 하셨느니라"(신 1:31), "내가 물로 네 피를 씻어 없애고 네게 기름을 바르고 수 놓은 옷을 입히고 물돼지 가죽신을 신기고 가는 베로 두르고 모시로 덧입히고"(겔 16:9-10)라고 하였다. 에스겔은 핏덩이로 버려진 이스라엘을 하나님이 거두셨다고 하였다. 保자는 어른이 아이를 등에 업고 두 팔로 껴안고 있는 모습이다. 사람은 부모의 양육을 삼 년을 받아야 생리적으로 홀로 설 수 있다.

보(報) : 죄에 대한 보응이 있다.

報는 '갚을 보'자로 幸(행)+𠬝(복)로 회의자이다. 幸자의 본자는 㚔(행)이며, 幸의 고자로 𡴆(녑)이 있다.《설문해자》는 "報는 죄인을 판결하는 것이다. 𡴆(녑)을 따르고, 𠬝(복)을 따른다. 𠬝은 죄인을 다스리는 것이다"(報, 當罪人也. 从㚔, 从𠬝. 𠬝服罪也)라고 하였다. 㚔은 '놀랠 녑'자로 幸의 고자이다. 𠬝은 '다스릴 복'이다. 㚔에 대하여《설문해자》는 "㚔은 사람을 놀라게 하는 것이다. 大를 따르고 𢆉(임)을 따른다. 일설에 가로되 큰 소리이다. 무릇 㚔에 속한 것은 모두 㚔을 따른다. 일설에 가로되 瓠(호)라고 읽는다. 일설에 가로되 세속에서 말하기를 도적이 멈추지 않으니 큰 소리로 외쳤다 하였다. 㚔은 籋(섭)이라고 읽는다" 하였다.

《상용자해》는 "幸은 수갑을 양손에 채운 형태를 나타낸다. 執(집) 즉 구속이다. 𠬝은 무릎 꿇은 사람을 뒤에서 손으로 누르는 형태를 나타낸다. 즉, 사람을 복종시키는 것이다. 服의 초자이다"라고 하였다. 報자의 좌변의 幸자는 본래 㚔으로 죄인에게 사용하는 형구(刑

具)이다. 報자는 죄인을 다스리는 것에서 '갚다'는 뜻을 나타낸다. 그리고 죄인을 재판하면 상부에 보고를 하니 보고하다는 뜻을 갖게 되는 글자이다.

한편 幸자는 '다행 행'자이다. 이때 幸자는 夭자이다. 《설문해자》는 "夭은 吉하며 凶함을 면하는 것이다. 屰(역)을 따르고 夭(요)를 따른다. 夭는 일찍 죽는 일이다. 그러므로 死로서 불행을 일컫게 되었다"라고 하였다. 즉, 夭자를 夭+屰으로 보면서 일찍 죽는 일(夭)을 거스려(屰) 피하게 되니 곧 '다행'이라 함이다. 《한자원류자전》은 "夭은 요행을 뜻한다. 세속에서 幸으로 쓰면서 형구를 말하는 夭과 혼용이 되었다. 그러나 혼란할 수 없으니 夭은 단독으로는 사용되지 않으며 幸이 단독으로 사용되는 것은 모두 요행의 뜻이다"라고 하였다. 報자의 幸자는 형구로 報자는 죄에 대한 보응의 뜻을 갖는다.

《명심보감》 천명편은 "외씨를 심으면 외를 얻고, 콩을 심으면 콩을 얻을 것이니, 하늘의 그물은 넓고 넓어서 성기어도 새지 않는다"라고 하고, 또한 계선편은 "은혜와 의리를 널리 베풀어라. 사람이 어느 곳에서 서로 만나지 아니하랴. 원수와 원망을 맺지 말라. 길 좁은 곳에서 만나면 회피하기 어렵다"라고 하였다.

> "스스로 속이지 말라 하나님은 업신여김을 받지 아니하시나니 사람이 무엇으로 심든지 그대로 거두리라 자기의 육체를 위하여 심는 자는 육체로부터 썩어질 것을 거두고 성령을 위하여 심는 자는 성령으로부터 영생을 거두리라"(갈 6:7-8).

복(僕) : 죗값으로 종이 된 자가 노동하는 모습이다.

僕은 '종 복'자이다. 人+業(음)의 형성자이다. 《설문해자》는 "僕은 부역으로 사용되는 사람이다. 人을 따르고 業(복)을 따르며 業 또한 소리이다. 臣(복)은 고문의 僕으로 臣(신)을 따른다"(僕, 給事者, 从人, 从業, 業亦聲. 臣, 古文, 从臣)라고 하였다. 業은 '번거로울 복'자이다. 한편 《설문해자》는 業에 대하여 "業은 번거롭고 더러운 것이다. 丵(착)을 따르고 収(공)을 따르고 収 또한 소리이다. 무릇 業에 속한 것은 모두 業을 따른다"라고 하였다. 丵은 '풀무성할 착'자이다. 収은 廾(공)과 같다. 《한자해형석의자전》은 "僕의 위는 자루가 긴 삼태기를, 아래는 두 손을 본떴다. 곧 두 손으로 쓰레기가 가득 담긴 삼태기를 들고 청소하는 사람이다. 청소 같은 잡일을 담당하는 사람을 나타낸다"라고 하였다.

《정중형음의종합대자전》은 僕에 대하여 "갑골문의 僕자의 왼쪽 위는 쓰레기를 나타내고 오른쪽 위의 辛은 죄인을 나타낸다. 아래는 사람의 형태로 꼬리가 있는 것을 본떴다. 僕자는 죄인이 손으로 쓰레기를 들어 올리는 형태이다. 포로가 천하고 더러운 일을 하는 것이다. 소전의 僕은 丵을 따르고 丬을 따른다. 丬은 또한 소리이다. 丵의 소리는 浞(착)으로 풀이 무성하고 어지럽게 자라난 모습이다. 丬은 소리가 拱(공)으로 두 손으로 작업을 하는 뜻으로 僕의 본뜻은 번거롭고 더러운 것이다. 僕은 人을 따르고 丵을 따르면서 많은 잡스러운 일을 하는 사람을 가리킨다"라고 하였다. 노예에게 꼬리를 달았다는 것은 사람을 동물과 같이 여긴 굴욕적인 표시이다. 辛은 문신용 침으로 고대사회에서는 죄인의 얼굴에 죄인의 표시를 하였다. 포로나 죄인은 또한 국가나 지배층의 노예가 되었다. 갑골문의 僕자는 죄인이 삼태기를 들고 청소하는 모습이다. 삼태기 위 몇 개의 점은 흙먼지를 나타낸다. 僕자의 본래 뜻은 손으로 삼태기를 들고 노동하는 노예, 즉 노복 또는 하인을 가리킨다. 僕자에는 죗값으로 종이 되어 노동하는 노예의 모습이 있다. 그러니 어찌 원망이 없을까?

《맹자》 만장상이다. "부모가 사랑하면 기뻐하며 잊지 않고, 부모가 미워하면 힘든 일을 당해도 원망하지 않는다"(父母愛之, 喜而不忘. 父母惡之, 勞而不怨)라고 하였다. 순임금이 부모의 사랑을 받지 못함에도 원망하지 않았다는 것이다. 낮은 자리에서 힘들 때 원망하지 않기는 쉽지 않다.

"내가 하늘과 아버지께 죄를 지었사오니 지금부터는 아버지의 아들이라 일컬음을 감당하지 못하겠나이다 나를 품꾼의 하나로 보소서 하리라"(눅 15:18-19).

봉(奉) : 두 손을 모아 공경함으로 섬기는 것이다.

奉자는 '받들 봉'자로 丰(봉)+収(공)+手(수)로 된 회의자 겸 형성자이다. 《설문해자》는 "奉은 이어받음이다. 手를 따르고 収을 따른다. 丰은 소리이다"(奉, 承也. 从手, 从収, 丰聲)라고 하였다. 収은 廾(손 맞잡을 공)의 본자이다. 丰은 '우거질 봉'자이다. 《세설한자》는 "奉자는 회의 겸 형성자이다. 금문의 형태는 상부의 丰은 소리를 나타내며 또한 받드는 바의 물건을 표시한다. 하부는 두 손의 형태로서 두 손으로 물건을 받드는 것을 표시한다. 소전의 하부는 세 개의 손의 형태이다. 설문은 奉을 承(이어받음)이라 하였으나, 承은 파생된 뜻으로 奉의 본뜻은 捧(받들음)이다…그 외에 奉은 또한 俸(봉)과 통하여 급여의 뜻을 갖는다"라고 하였다.

《상용자해》는 "奉자는 회의자이다. 丰, 収, 手의 조합의 형태이다. 収의 형태는 좌우의 손을 나란히 합한 것을 나타내며, 뜻은 두 손으로 봉헌하는 것이다. 丰은 곧 신령이 붙는 나뭇가지이다. 양손으로 丰을 받들어 일으키고, 아래쪽에 다시 가지를 손(手)으로 받치는 것을 더한 것이 奉이다. 뜻은 神을 향하여 봉헌하거나, 神의 뜻을 받아 모시는 것이다"라고 하였다. 《한자원류자전》은 조상에게 제사를 드리면서 벼나 보리를 제물로 드리는 것이라 하고, 《한자해형석의자전》은 어른에게 패물인 옥(玉)을 드리는 것이라 하였다. 奉자는 예물을 받는 대상이나, 예물의 종류는 각기 주장이 갈리지만 예물을 두 손으로 받들어 드리는 것은 동일하다. 奉자는 丰, 収(廾), 手의 조합으로 두 손을 모아서(収) 물건(丰)을 받들어 올려 드리는 모습으로 두 손을 모은 것은 공경의 자세이다.

《소학》 명륜 2편에는 "어른이 더불어 손을 잡고 끌면 두 손으로 어른의 손을 받들고"(長者與之提携, 則兩手奉長者之手)라고 하였다. 어른의 손을 두 손으로 받드는 것은 공경의 자세이다. 《논어》 위정편이다. "지금은 효를 넉넉히 봉양하는 것으로만 말한다. 그러나 개와 말에 이르기까지도 모두 넉넉히 기를 수 있는데, 부모를 섬김에 공경함이 없다면 무엇으로 구별하겠느냐?"(今之孝者, 是謂能養, 至於犬馬, 皆能有養, 不敬, 何以別乎)라고 하였다. 반려동물은 사랑으로 기른다. 그러나 어른은 공경과 존경함으로 섬기는 것이다.

"네 하나님 여호와를 경외하여 그를 섬기며 그에게 의지하고 그의 이름으로 맹세하라 그는 네 찬송이시요 네 하나님이시라 네 눈으로 본 이같이 크고 두려운 일을 너를 위하여 행하셨느니라"(신 10:20-21).

봉(奉)

부(富) : 집 안의 술 항아리에 술이 가득한 것이다.

富자는 '넉넉할 부'로 宀+畐(음)의 형성자이다. 《설문해자》는 "富는 완전히 갖추었다는 것이다. 일설에 풍성한 것이다. 宀(면)을 따르고 畐(복)은 소리이다"(富, 備也. 一曰, 厚也. 从宀, 畐聲)라고 하였다. 원문의 厚(후)는 '두텁다', '풍성하다'는 뜻으로서 풍성하다로 해석하였다. 畐은 '찰(滿) 복'자이다. 《상용자해》는 富에 대하여 "富는 형성자이다. 성부는 畐이다. 畐은 배가 부풀어 오른 그릇으로서 형태가 술통과 비슷하다. 충만의 뜻이 있다. 설문에서 富는 備(비)라 하였다. 備는 고대에 富로 발음하였다. 富의 뜻은 부유(富有), 풍부(豊富), 융성(隆盛) 등이다. 富는 조상의 사당의 지붕을 나타내는 宀을 따르며, 이 때문에 神에게 드리는 제물의 풍부함이 본뜻이다"라고 하였다.

《설문해자금석》은 畐을 주석하기를 "목이 길고 배가 부르고 바닥이 둥근 그릇을 본뜬 글자이다. 마땅히 瓿(단지 부)의 초문이다", "畐은 그릇으로 그 속이 가득한 것으로서 이 때문에 풍부한 것을 상징한다. 변하여 富가 되고 福이 되었다"라고 하였다. 《한자해형석의자전》은 "富는 宀을 따르고 술이 가득 찬 술그릇의 형태를 본뜬 畐의 소리를 따른다. 집 안에는 항상 술이 가득 찬 술그릇이 준비되었으며 반드시 衣食이 풍족하다"라고 하였다. 富자는 집의 지붕을 나타내는 宀자 밑에 술이 가득 찬 술 단지인 畐을 놓아 집 안에 재물이 풍성한 것을 나타낸 글자이다. 집 안에 재물이 가득 차서 모든 일에 준비함이 되니 《설문해자》가 富를 備로 해석한 것으로서 이는 파생된 뜻이다.

《논어》 학이편에 말하기를 "자공이 말하기를 '가난하여도 아첨하지 않으며 부자라도 교만하지 않으면 어떠합니까?' 하니, 공자가 가로되 '괜찮다. 그러나 가난하되 즐거워하며, 부유하되 예절을 좋아하는 것만 같지 못하다'"라고 하였다. 자공의 말에는 가난하면 아첨하기 쉽고, 부유하면 교만하기 쉽다는 뜻이 함축되어 있다. 《명심보감》 성심편에는 "예의는 부하고 넉넉한 데서 생기고, 도둑은 배고프고 추운데서 일어난다"라고 하면서, 한편으로는 "배부르고 따뜻하면 음탕한 욕심을 생각하고, 배고프고 추우면 도리의 마음이 생긴다"라고 하였다. 부하거나 가난하거나 모두 처신하기가 어렵다.

> "나를 가난하게도 마옵시고 부하게도 마옵시고 오직 필요한 양식으로 나를 먹이시옵소서 혹 내가 배불러서 하나님을 모른다 여호와가 누구냐 할까 하오며 혹 내가 가난하여 도둑질하고 내 하나님의 이름을 욕되게 할까 두려워함이니이다"(잠 30:8–9).

| 甲骨 | 金文 | 說文古文 | 友의 小篆 |

붕(朋) : 뜻을 함께하며 짝을 이루는 사람들이다.

朋은 '벗 붕'자로 조개를 실에 꿰어 두 줄로 늘어뜨린 형상으로 상형자이다. 《설문해자》는 "鳳(봉)은 신령한 새이다. 황제의 신하가 말하기를 봉의 형상이다.…鳥(조)를 따르고 凡(범)은 소리이다. 朋은 고문의 鳳이다. 상형이다. 鳳이 날아오르면 새의 무리가 수만으로 따르고 그러므로 朋黨의 글자로 하였다"(鳳, 神鳥也. 天老曰鳳之象也. ~ 从鳥, 凡聲. 朋古文鳳. 象形. 鳳飛. 羣鳥從以萬數. 故以爲朋黨字)라고 한다. 《설문해자》는 朋자를 鳳자의 古字로 보았다. 鳳자는 '봉새 봉'자로 鳥+凡(음)의 형성자이다.

《자통》은 "朋은 조개를 묶은 형태이다.…두 개의 줄을 하나로 이은 것으로서 금문의 형태는 그것을 짊어진 형태이다. 설문은 鳳의 古字라 하였는데 다른 글자이다.…朋이란 하나의 짝을 이루는 것으로 손님과 주인에게 드려진 두 통의 술을 朋酒라 말한다. 朋友는 그로부터 발전된 뜻이다"라고 하였다. 《세설한자》는 "《설문해자》는 朋을 고문의 鳳의 상형으로 간주하였으나 이 말은 타당하지 않다. 朋

자의 본의는 조개의 수량을 칭하여 일컫는 것으로 조개 다섯을 곶(串)이라 하고, 두 개의 곶을 朋이라 한다"라고 하였다. 朋의 금문은 조개를 꿴 모습으로 고대의 화폐 단위이다.

《시경》 청청자아(菁菁自莪)에는 "우리 임 뵈었더니 백 붕이나 주시었네"(旣見君子錫我百朋)라고 하는데, 이때 朋은 조개 다섯 혹은 열 개를 말한다. 벗을 말하는 한자로 友(우)가 있다. 友자는 '벗 우'자로 又+又(음)의 형성자이다. 《설문해자》는 "友는 뜻이 같은 벗이다. 두 개의 又(우)를 따르며 서로 교제하여 벗이 됨이다"(友同志爲友. 从二又, 相交友也)라고 하였다. 友는 뜻을 같이하는 사람들이다.

한편 朋은 학문적인 친구를 뜻하기도 한다. 《논어》 학이편은 "벗이 있어 먼 곳으로부터 오니 또한 즐겁지 아니하랴"(有朋自遠方來不亦樂乎)라고 하였다. 양백준은 《논어역주》에서 朋을 동문으로 해석하였다(同門曰朋). 朋은 同門을, 友는 同志를 말하면서 다 같이 벗을 뜻한다. 그래서 합하여 朋友라고 한다. 朋의 자원에 대하여는 조개를 실에 꿴 것의 상형이라는 것이 일반적이다. 조개를 실에 꿰어 연결 지은 데서 학문이나 친교 같은 어떤 연줄로 연결되어 짝을 이룬 사람들을 朋이라 한 것이다.

아브라함은 하나님과 믿음으로 연결된 하나님의 벗이었다. 《현대중문역본》은 '벗'을 朋友라 하였다.

> "아브라함이 하나님을 믿으니 이것을 의로 여기셨다는 말씀이 이루어졌고 그는 하나님의 벗이라 칭함을 받았나니"(약 2:23).

비(備) : 화살이 가득 찬 전동이다.

備는 '갖출 비'자로 亻+葡(음)의 형성자이다. 葡는 '갖출 비'자이다. 《설문해자》는 "備는 삼감(愼)이다. 人을 따르고 葡(비)는 소리이다"(備, 愼也. 从人, 葡聲)라고 하였다. 葡는 㒼와 같은 글자이다. 《설문해자》는 "葡는 온전히 구비함이다. 用을 따르고 苟(극)의 생략을 따른다"라고 하였다. 苟은 '삼갈 극'으로 '구차할 구'(苟)와는 다른 자이다. 《상용자해》는 "備는 형성자이다. 성부는 葡이다. 葡는 화살을 담는 전동의 형태를 나타낸다. 사람이 전동을 등에 멘 형상을 備라고 하였다. 이에 전투 준비가 잘 되었다는 뜻을 갖는다. 나아가 각종 준비, 방비, 구비 등을 가리킨다. 또한 사전에 각 방면의 수요를 세밀하게 안배하는 데서 전부(全部)라는 뜻이 있다"라고 하였다. 갑골문의 형태는 사람이 화살이 담긴 口를 등에 메고 있는 것을 볼 수 있다.

《정중형음의종합대자전》은 화살은 사람을 다치게 하는 이유로, 다루는 데 조심하고 삼가야 할 것이라고 하였다. 備를 '삼감이다'라고 한 이유이다. 備는 사람이 화살이 담긴 전동을 등에 멘 것을 나타내는 데서 준비라는 뜻으로 발전한 글자이다. 그러나 사람이 살아가면서 준비할 것이 화살과 같은 무장에만 있는 것은 아닐 것이다.

《고문진보》에 〈군자행〉(君子行)이라는 시가 있다. "군자는 일이 일어나기 전에 방지하고, 의심받을 곳에는 처하지 않네. 외밭에는 발을 들여놓지 아니하고, 오얏나무 아래에서는 갓을 바로 하지 않네. 형수와 시동생은 직접 주고받지 않고, 어른과 아이는 어깨를 나란히 하지 않네. 공이 있어도 겸손하면 권세를 얻을 수 있으나, 재덕을 감추는 것이 유독 심히 어렵네. 주공은 초가의 선비도 찾았고, 먹던 밥을 뱉으며 손님을 맞으니 식사를 마치지 못하였다. 한번 목욕에 세 번이나 머리를 감아쥐고 손님을 맞으니, 후세에 성현이라 칭하였다." 서두에 "군자는 일이 일어나기 전에 방지하고, 의심받을 곳에는 처하지 않네, 외밭에는 발을 들여놓지 아니하고, 오얏나무 아래에서는 갓을 바로 하지 않네"(君子防未然, 不處嫌疑間, 瓜田不納履, 李下不正冠)라고 하였다. 남의 채소밭을 지날 때나, 형수와 시동생 같은 가까운 사이 등 모든 인간관계에서 겸손하며 삼가는 것은 뜻하지 않은 불상사를 막는 준비가 될 것이다.

> "믿음으로 노아는 아직 보이지 않는 일에 경고하심을 받아 경외함으로 방주를 준비하여 그 집을 구원하였으니 이로 말미암아 세상을 정죄하고 믿음을 따르는 의의 상속자가 되었느니라"(히 11:7).

사(事) : 일을 맡은 자는 사사로움이 없어야 한다.

事자는 '일 사', '섬길 사'로 새기는 글자로 상형자이다. 《설문해자》는 "事는 관리의 직분이다. 史를 따르고, 之의 생략을 성부로 한다. 叏(사)는 고문의 事자이다"(事, 職也. 从史, 之省聲. 叏古文事)라고 하였다. 《한자원류정해자전》은 "갑골문과 금문의 事, 吏, 使는 같은 자이다"라고 하면서 본문의 職(직)을 '官職'(관직)으로 해석하였다. 《정중형음의종합대자전》은 事에 대하여 "금문의 事의 위는 깃발이고, 가운데는 죽간의 책이고 아래는 손이다. 오대징은 손으로 간책을 잡고 깃발 아래 서 있는 형상으로 사신이 외국에 간다는 뜻이다"라고 하였다. 《상용자해》는 "오른손으로 제기가 묶인 장대를 높이 들고 선조의 靈에 제사 지내는 것을 史라 한다.…장대에 깃발을 더하여 달고 산천에 제사하는 국가적 제사를 事라 하며, 祭祀(제사) 또는 郊祀(교사)의 뜻이 있다"라고 하였다.

《세설한자》는 "갑골문의 오른쪽 위는 짐승을 잡는 자루가 긴 그물이고, 왼쪽 아래는 왼손이다. 이는 손으로 짐승을 잡는 도구를 잡고 사냥을 가는 것으로, 곧 事라 부른다"라고 하였다. 事자의 中에 대하여 죽간, 깃발, 사냥 도구로 해석이 갈라지나, 관리가 손(又=手)으로 中을 잡고 있다는 것은 동일하다. 고대에는 산천의 제사나 사냥의 일이 왕실의 행사였다. 이에 이를 담당하는 관리들이 있었을 것이다. 깃발이 달린 장대를 잡고 관리들이 일하는 데서 '일'의 뜻을 갖게 되고, 또한 관리는 일을 통해 윗사람을 받드는 데서 '섬김'의 뜻을 갖는다 할 것이다.

한편 《설문해자》는 事자의 의부를 史라 하였다. 史는 '사관(史官) 사', '사기(史記) 사'자이다. 《설문해자》는 史에 대하여 "史는 일을 기록함이다. 손으로 中을 잡은 것을 따르며, 中은 바르다는 뜻이다"라고 하였다. 事를 관리라 하고, 中을 죽간이라 하는 설명과도 연결할 수 있는 설명이다. 《설문해자》는 事는 관직으로서 史를 따른다고 하였고, 史가 잡아야 할 것은 中이라 하였다. 中은 사사로움이 없이 바르다는 것이다. 그것이 자신에게 일을 맡긴 사람을 섬기는 도리임을 事자는 말하고 있다. 《논어》 자로편에는 "평일의 집에서는 공손하고, 일을 할 때는 경건하며, 다른 사람을 대할 때는 충심으로 함은 비록 오랑캐 나라에 가더라도 버리지 못할 것이다"(居處恭, 執事敬, 與人忠, 雖之夷狄, 不可棄也)라고 하였다. 恭(공)은 외모의 단정을, 敬(경)은 마음의 성실을 말한다.

"내가 이미 얻었다 함도 아니요 온전히 이루었다 함도 아니라 오직 내가 그리스도 예수께 잡힌 바 된 그것을 잡으려고 달려가노라"(빌 3:12).

사(事)

사(死) : 죽은 사람의 유골에 절하는 장례 모습이다.

死는 '죽을 사'로 歹(알)+人(인)의 회의자이다. 歹은 '살발린뼈 알'자이다. 《설문해자》는 "死는 기운이 다한 것이다. 사람의 형체와 혼백이 서로 떨어지는 것이다. 歺(알)과 人을 따른다. 무릇 死에 속한 모든 것은 死를 따른다. 兂(사)는 고문으로서 死자와 같다"(死, 澌也. 人所離也. 从歺, 从人. 凡死之屬皆从死. 兂古文死如此)라고 하였다. 歹, 歺은 같은 자이다. 《백호통소증》 붕훙(崩薨)편은 死를 澌(시)라 말하며 "정기가 다한 것이다"라고 하고, 단옥재의 주석은 본문의 離(리)를 "형체와 혼백이 서로 떨어지는 것이다"라고 하였다.

《상용자해》는 "死는 회의자이다. 歺과 人의 조합이다. 歺의 원형은 冎(알)이며, 살이 제거되고 남은 뼈의 형상이다.…고대에는 사람이 죽은 뒤에 잠시 풀이 무성한 속에 두어 풍화로 탈골이 된 후에 유골을 수습하여 매장했는데, 이를 葬(장)이라 말한다. 이러한 종류의 장례를 복장(復葬)이라 한다. 수습한 유골에 대하여 몸을 굽혀 예배하며 추도하는 형태가 死이다. 이로부터 사망의 뜻이 있게 되었다"

라고 하였다.

《세설한자》는 死에 대하여 "갑골문의 좌변은 해골의 형상이고, 우변은 몸을 굽혀 절하는 사람이다. 이는 본래 죽은 사람에 대한 추도의 뜻이다. 후에 죽음을 대표하게 되었다. 금문의 좌변은 해골이고, 우변은 사람이 서 있는 것이다.…해서의 상변의 歹은 곧 '좋지 않다'는 뜻이고, 우변의 匕(비)자는 넘어진 사람의 형상이다. 이른바 '歹人' 곧 죽은 사람이다"라고 하였다. 死자는 歹에 匕를 더하였다. 歹은 사람의 해골이고, 匕는 갑골과 금문에서는 사람이 서서 유골에 절하는 형상으로, 장례의 뜻에서 사망의 뜻으로 발전한 것으로 본다. 死는 사람이 죽어서 남은 것이 해골뿐임을 말한다.

성경은 "그러므로 우리가 낙심하지 아니하노니 우리의 겉사람은 낡아지나 우리의 속사람은 날로 새로워지도다 우리가 잠시 받는 환난의 경한 것이 지극히 크고 영원한 영광의 중한 것을 우리에게 이루게 함이니 우리가 주목하는 것은 보이는 것이 아니요 보이지 않는 것이니 보이는 것은 잠깐이요 보이지 않는 것은 영원함이라"(고후 4:16-18)고 하였다.

참고로 유가(儒家)에서 귀신은 인격을 가진 개체가 아니라 자연현상, 곧 기(氣)의 작용에 불과하다. 기의 운동과정 중에 혼(魂)과 백(魄)이 결합되면 사람이 태어나고 혼과 백이 분리되면 사람은 죽는다(참조. 성균관대학교유학과교재편찬위원회, 《유학사상》, 서울: 성균관대학교출판부, 1998, 235-236쪽). 그런즉 기운이 다하면 죽는 것이다.

사(詐) : 말을 꾸미고 만들어 사람을 속이는 것이다.

詐는 '속일 사', '거짓 사, 말꾸밀 사'자로 言+乍(음)의 형성자이다. 《설문해자》는 "詐는 속이는 것이다. 言을 따르고 乍(사)는 소리이다"(詐, 欺也. 从言, 乍聲)라고 하였다. 또한 乍에 대하여 《설문해자》는 "乍는 제지하는 것이다. 일설에 도망가는 것이다. 亡을 따르고 一을 따른다"(乍, 止也. 一曰, 亡也. 从亡, 从一)라고 하였다. 乍는 '잠깐 사'자이다. 《갑골문자전》은 "乍는 作(지을 작)의 본자이다"라고 하고, 作에 대하여 "옷을 짓는 처음에 옷깃의 형태를 거의 이룬 것을 본떴다.… 즉, 옷을 짓는다는 뜻이다"라고 하였다.

《상용자해》는 "乍는 나뭇가지를 힘으로 구부려 울타리를 만드는 것을 표시한다. 사람의 힘으로 사물의 형태를 바꾸는 것을 뜻한다. 즉, 乍는 어떤 행위를 통하여 사물 본래의 모습을 바꾼다는 뜻을 함유한다. 乍에 言을 더하여 詐를 구성하였다. 詐는 사실을 날조하여 다른 사람을 속이는 것이다"라고 하였다. 《정중형음의종합대자전》은 乍에 대하여 "사람이 앉아서 도구를 잡고 공작하는 형상이다. 作

의 고문이다"라고 하였다.

또한 《정중형음의종합대자전》은 詐에 대하여 "거짓된 말과 허황된 행동으로 믿음을 배반하고 교묘함을 감추고, 다른 사람으로 하여금 어리석은 생각을 갖게 한다는 뜻이다. 그러므로 言을 따른다. 또한 乍는 본래 暫(잠)으로 쓰는 자이다. 다른 사람을 속임이 잠시이다"라고 하였다. 乍는 옷을 짓거나, 나뭇가지로 울타리를 만들거나, 장인이 도구를 잡고 공작을 하는 것 등으로 설명하고 있다. 즉, 무엇을 만드는 것이다. 言에 짓다, 만들다는 뜻의 乍를 더하여 말을 만들어 한다는 뜻을 나타냈다. 말을 만들고 꾸미는 것은 진실하지 못한 것으로 거짓이라 할 것이고, 거짓이 오래갈 수 없으니 잠시라는 뜻으로 발전할 수 있을 것이다.

《채근담》 섭세편은 "한쪽으로 치우침으로써 간사한 사람에게 속지 말 것이요, 제 힘을 너무 믿어 객기 부리는 바가 되지 말 것이라"(毋偏信而爲奸所欺, 毋自任而爲氣所使)고 하였다. 다른 사람의 감언이설에 속는 것은 조심할 바이다. 또한 자기의 능력을 과대평가하고 능력 이상의 일을 욕심내다가 부끄러움을 당하는 일도 있으니 스스로를 속임이 아닐까 싶다. 《논어》 헌문편은 "남이 나를 알아주지 않음을 근심하지 말고, 내게 능력 없음을 근심하라"(不患人之不己知, 患己不能也)고 하였다.

> "누구든지 스스로 경건하다 생각하며 자기 혀를 재갈 물리지 아니하고 자기 마음을 속이면 이 사람의 경건은 헛것이라"(약 1:26).

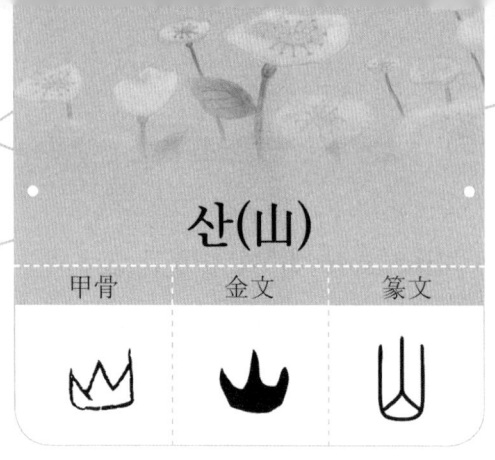

산(山) : 산은 만물을 생산한다.

山은 '메 산'자이다. 山의 모양을 본뜬 상형자이다.《설문해자》는 "山은 베푸는 것이다. 산의 기운을 사방에 흩어 베풀어 만물을 생산한다. 산은 돌로 구성되며 또한 높다. 상형자이다. 무릇 산에 속한 것은 산을 따른다"(山, 宣也. 宣气散, 生萬物, 有石而高. 象形. 凡山之屬皆从山)라고 하였다.《설문해자계전》은 기운을 베푼다는 것을 "산이 구름과 비를 내는 것은 땅의 기운을 베푸는 방법이다"(山出雲雨, 所以宣地气)라고 하였다.《세설한자》는 "山자는 상형자이다. 금문은 세 개의 산봉우리가 하나의 山자를 구성한다. 소전은 서사의 방편을 위하여 속이 꽉 찬 형태의 山자를 변형하여 단선으로 하였으나, 다만 세 개의 산봉우리는 여전히 보존하고 있다"라고 하였다. 山자는 큰 산이 연이어 있는 모습을 본뜬 상형자이다. 높은 산에 바람이 마주치면 비가 내리기 쉽다. 비는 만물이 자라나게 하는 근본이다. 山자는 산이 구름과 비를 베풀어 만물을 생산한다는 뜻을 담고 있다.

어린이 동화에《알프스의 소녀 하이디》가 있다. 알프스 산중에서

할아버지와 사는 하이디가 도시인 프랑크푸르트로 가서 병든 소녀 클라라의 친구가 된다. 그러나 하이디는 알프스를 그리워하며 병이 들고, 병든 하이디는 다시 알프스산으로 돌아와 건강을 되찾는다. 그리고 하이디를 찾아 알프스산에 오게 된 클라라 또한 산에서 건강을 찾게 된다는 내용이다. 이 동화에서 도시는 사람을 병들게 하고, 산은 사람을 건강하게 한다.

이것은 아브라함의 조카 롯이 평지의 도시 소돔성으로 내려간 후 하나님의 심판으로 패가망신하는 것과도 같은 구도이다. 열왕기서에서 아람 왕의 신복들은 이스라엘의 하나님에 대해 "그들의 신은 산의 신이므로…"(왕상 20:23)라고 말한다. 물론 하나님이 어찌 산에만 계시겠는가. 그러나 산에 대한 하나님의 남다른 생각을 볼 수 있다. 하나님이 이삭을 번제로 받고자 하였던 곳은 모리아산이다. 모세가 하나님을 만나고, 율법을 받은 곳은 시내산이다. 성경에는 평지의 도시와 구별하면서 산에 부여하는 가치가 있다.

이백의 시에 〈산중문답〉(山中問答)이 있다. "왜 산에 사느냐고 묻기에, 대답 없이 웃으니 마음은 한가롭다, 복사꽃 물에 띄워 멀리 흘러가니, 분명 여긴 별천지인 것을"(問余何事栖碧山, 笑而不答心自閑, 桃花流水杳然去, 別有天地非人間). '소이부답'(笑而不答)의 기원이 된 시이다. 《설문해자》는 산을 만물에 생명을 주는 곳이라 하였다. 산에 머물기를 기뻐한 이백의 미소를 생각해 본다.

선(船) : 배가 연안을 따라 운항하는 것이다.

船은 '배 선'자이다. 舟+㕣(음)의 형성자이다. 舟는 '배 주'이고 㕣은 '수렁 연'자이다. 《설문해자》는 "船은 배이다. 舟를 따르며 鉛(연)의 생략형을 소리로 한다"(船, 舟也. 从舟, 鉛省聲)라고 하였다. 단옥재의 주석은 "옛날에는 舟라 말하였고, 지금은 船이라 말한다.…舟는 배가 선회하는 것을 말하고, 船은 배가 물을 좇아 오르고 내리는 것을 말한다"라고 하였다. 《설문해자》는 "㕣(연)자는 산골의 진흙 구렁이다. 口를 따르고 물이 흙의 모양을 훼손한 것을 따른다"라고 하였다.

단옥재의 주석은 "谷(곡)자, 酉(유)자는 모두 물이 반쯤 보이는 것을 뜻한다. 㕣자 역시 출구에서 물이 반쯤 보이는 것을 뜻한다"라고 하였다. 즉, 㕣자는 골짜기를 뜻하는 八자와 출구를 뜻하는 口자를 더하여 산골짜기 입구를 말하는데, 그곳은 골짜기 물로 퇴적된 흙이 쌓인 진흙 구렁이가 될 것이고, 또한 강이나 바다와 만나는 경계가 될 것이다. 연안(沿岸)이라 할 때 沿자는 '물따라갈 연', '가장자리 연'자로서 '따르다', '가장자리'라는 뜻을 갖는다. 강이나 바다와 잇닿아 있는 육지를 沿岸이라 하고, 육지에 가까운 얕은 바다를 沿海라 한다. 그러므로 船자는 舟에 㕣을 더하여 강이나 바다의 연안을 따라 오르내리며 운항하는 배를 뜻한다.

한편《주역》계사전(繫辭傳) 하(下)는 "나무를 파서 배(舟)를 만들고, 나무를 깎아서 노(楫)를 만들고"라고 하였다.《상용자해》는 "舟는 고대에 큰 나무를 도려내어 만든 통나무배이다"라고 하였고, "船은 형성자이다. 성부는 㕣이다. 㕣은 沿(연)의 뜻이 있다. 이 때문에 연안에 붙어 물길을 아래위로 진행하는 배를 船이라 부른다"라고 하였다. 舟는 통나무의 속을 파내어 만든 통나무배, 船은 舟에 가장자리를 좇는다는 뜻의 㕣을 더하여 연안을 따라 오르내리며 운항하는 배를 말한 것이다.

《공자가어》오의해(五儀解) 7편이다. "임금은 배이고, 백성은 물이다. 물은 배를 실을 수 있지만, 또한 배를 뒤집는다. 임금이 이로써 위태함을 생각한다면, 가히 위태함을 안다고 할 것이다"라고 하였다. 의미는 다르나 배를 운항하는 것이 어려운 일임을 알 수 있다. 항해술이 발달하지 못했을 때는 연안을 따라 운항하였을 것이다. 船은 배가 육지의 연안을 따라 운항하는 것을 뜻한다. 船은 배를 운항하는 데 따를 기준이 있음을 말한다.

> "항해하는 자들과 바다 가운데의 만물과 섬들과 거기에 사는 사람들아 여호와께 새 노래로 노래하며 땅끝에서부터 찬송하라"(사 42:10).

섭(攝)

篆文

섭(攝) : 가까이하여 돕는 손길이다.

攝은 '당길 섭', '거느릴 섭'자로서 扌+聶(음)의 형성자이다.《설문해자》는 "攝은 당기어 붙잡는 것이다. 手를 따르고 聶(섭)은 소리이다"(攝, 引持也. 从手, 聶聲)라고 하였다. 扌(수)는 '손 수(手)'자가 부수로 쓰이면서 변형된 자이다. 聶(섭)은 '소곤거릴 섭'자이다.《설문해자》는 "聶은 귀에 대고 작은 소리로 속삭이는 것이다. 세 개의 귀를 따른다"라고 하였다.《설문해자금석》은 "듣는 자는 오직 한 귀를 이용하고, 말하는 자는 두 귀를 듣는 이에게 가까이한다. 그러므로 세 개의 귀(耳)를 따른다"라고 하였다. 聶은 두 사람이 귓속말을 하는 것으로, 귓속말을 하기 위하여 가까이하는 데서 가까이한다는 뜻을 나타내고 있다. 攝자는 扌(手)에 聶을 더함으로써 가까이하여 손으로 붙잡아 이끈다는 것이 원뜻이고 이로부터 돕다, 대신하다는 뜻으로 발전하였다.

《시경》 기취(旣醉)에서는 "친구들이 돕는 것은 위의로서 돕는 것이다"(朋友攸攝, 攝以威儀)라고 하는데, 원문의 攝자는 '돕다'(佐)의 뜻이다.《설문통훈정성》은 시경을 인용하며 攝자를 '돕다'는 뜻으로 설명한다.《논어》향당편은 "옷자락을 걷어잡고 당에 오르실 때"(攝齊升堂)라고 하는데, 원문의 齊는 '옷자락', 攝자는 '걷어잡고'로 번역한다.《상용자해》는 "攝은 작은 물체들이 한 곳으로 모이는 것을 가리키기도 하고, 여성의 옷이 쉽게 흩어지는 것을 가지런히 수습하는 것을 가리키기도 한다. 이른바 옷매무시를 바르게 함을 말한다"라고 하였다.

이상의 설명은 攝자가 무엇을 손으로 붙잡아 당기는 뜻임을 알려준다. 攝은 扌(손)에 가까이한다는 뜻의 聶을 더하여 손을 가까이 하여 붙잡아 돕는다, 인도한다는 뜻을 나타낸다. 그래서 건강을 위해 몸을 돌보는 것을 섭생(攝生)이라 하고, 어린 임금을 도와 정치를 하는 대리 정치를 섭정(攝政)이라 하며, 하나님의 지배와 붙드심을 섭리(攝理)라 한다.

길에 패인 바퀴 자국에 빠진 붕어가 지나가는 사람에게 약간의 물로 도와주기를 청하였다. 사람이 대답하기를 "좋다, 나는 지금 남쪽 오월의 왕에게 가는데 서강(西江)의 물을 너에게 보내 주마"라 하자, 붕어가 대답하기를 "나는 지금 한 말이나 한 되의 물이면 살 수 있소. 차라리 건어물전에서 나를 찾으시오"라고 하였다《장자》외물편). 도울 수 있는 방법은 가까이 있는 것이다.

"나는 네 하나님이 됨이라 내가 너를 굳세게 하리라 참으로 너를 도와주리라 참으로 나의 의로운 오른손으로 너를 붙들리라"(사 41:10).

성(醒)

篆文

성(醒) : 술에서 깨어나는 것이다.

醒은 '깰 성'자로 酉(유)+星(음)의 형성자이다. 《설문해자》에서는 "醒은 술 취함에서 벗어나는 것이다. 酉를 따르며, 星은 소리이다. 생각건대 醒(정)자에 대해 注에 이르기를 일설에 가로되 醉(취)중에서 깨어남이다. 즉, 옛 醒자 역시 음은 醒이다"(醒, 醉解也. 从酉, 星聲. 按醒字注云, 一曰醉而覺也,則古醒亦音醒也)라고 하였다. 醒은 '주취 정'자이다. 《설문해자》는 "醒은 술로 인한 病이다. 일설에 가로되 취중에서 깨어남이다. 酉를 따르고 呈(정)은 소리이다"(醒, 病酒也. 一曰醉而覺也. 从酉呈聲)라고 하였다. 《설문해자》는 醒의 뜻을 醒으로 풀면서, 醒 또한 음은 '성'으로서 醒과 같이 술에서 깨어남이라 하였다. 酉자는 부수로서 '닭 유'로 읽으나, 본래 뜻은 술병을 가리킨다. 그런즉 醒자는 술에서 깨어나는 것이다.

《정중형음의종합대자전》에서는 "또 星은 본래 하늘에 펼쳐진 별로서 밝게 번쩍이는 뜻이 있다. 취한 사람이 정신이 혼미한 중에 깨어난즉 정신이 맑으니, 그러므로 星의 소리를 따랐다"라고 하고 있다. 醒자는 酉자로 술에 취한 사람을 나타내고, 星자로 별이 빛나는 것같이 술에서 깨어나는 것을 나타낸 글자이다. 술에 대한 생각은 긍정과 부정이 서로 다를 수 있다.

두보가 시 〈음중팔선가〉(飮中八仙歌)에서 이백에 대하여 "이백은 술 한 말에 시 백 편을 지었다"(李白一斗詩百篇)라고 했듯이 이백은 술을 즐겼다. 이백이 시 〈장진주〉(將進酒)에서 노래하기를 "음악도 안주도 귀하다고 말지니, 다만 원하옵기는 길이 취하고 깨지를 말았으면. 고래의 성현들도 모두 다 잊히고 오로지 술꾼들만 그 이름 남겼더라"(鐘鼓饌玉不足貴, 但願長醉不願醒, 古來聖賢皆寂寞, 惟有飮者留其名)라고 하였다. 그러나 술이 인간사를 잊게 하는 것은 아니다. 두보의 시 〈취가행〉(醉歌行)은 과거에 낙방하고 고향으로 돌아가는 조카를 보내면서 지은 시이다. 그중에 이러한 구절이 있다. "술이 다했으니 모랫바닥에 쌍옥병만 굴러 있고, 뭇 손이 모두 취했건만 나만 홀로 깨었으니, 빈천한 이별이 더욱 괴로운 것임을 이제 알겠구나. 소리를 머금고 발버둥을 치면서 눈물만 흘리노라." 모든 사람이 취했으나 홀로 깨어(衆賓皆醉我獨醒) 눈물짓는 두보의 모습이다.

"낮에와 같이 단정히 행하고 방탕하거나 술 취하지 말며 음란하거나 호색하지 말며 다투거나 시기하지 말고 오직 주 예수 그리스도로 옷 입고 정욕을 위하여 육신의 일을 도모하지 말라"(롬 13:13-14).

수(睡) : 꽃잎이 아래로 늘어지듯 내려 덮인 눈꺼풀이다.

睡는 '졸 수', '잘 수'자로 目+垂(음)의 형성자이다. 《설문해자》는 "睡는 앉아서 자는 것이다. 目과 垂(수)를 따른다"(睡, 坐寐也. 从目垂)라고 하였다. 垂는 '늘어질 수', '가장자리 수'자이다. 《상용자해》는 "睡는 형성자이다. 성부는 垂이다. 垂는 초목의 꽃이다. 꽃잎이 아래로 내려뜨려진 것으로, 아래로 늘어뜨려졌다는 뜻이다. 졸려 눈꺼풀이 내려뜨려지는 상태를 睡라 한다. 뜻은 잠자는 것이다"라고 하였다. 전문의 垂와 華(화)를 비교하면 垂가 꽃잎을 나타내는 것을 알 수 있다. 華는 花의 本字이다.

한편 垂는 土+巫(수)로서 巫는 垂의 고자이다. 《설문해자》는 "垂는 먼 변경이다. 土를 따르고 巫는 소리이다"(垂, 遠邊也. 从土, 巫聲)라고 하였다. 또한 巫에 대하여 "꽃잎이 늘어뜨려지는 아래 한계이다"라고 하였다. 《설문해자금석》은 "즉 꽃잎이 늘어진 가장자리이다. 비유로 강토의 변경을 뜻하였다"라고 하였다. 《설문해자》가 "垂는 먼 변경이다"라고 한 이유이다.

《상용자해》는 "垂는 烑와 土를 조합한 회의자이다. 烑는 초목의 꽃의 형태로서 꽃잎이 아래로 늘어뜨려진 형태를 나타낸다. 하변에 土를 더하여 가지와 잎이 아래로 늘어져 지면에 이른 뜻을 나타낸다. 그리하여 垂는 아래로 늘어뜨려진다는 뜻이 있다. 아래로 늘어뜨려져 지면에 접근한 것은 장차 그러한 종류의 상태에 도달할 것을 의미하면서 '노경에 이르다'(垂老), '죽어 가다'(垂死)와 같은 '가까워지다'라는 뜻이 있다"라고 하였다. 睡자는 目+烑+土로 된 글자이다. 烑는 꽃잎이 아래로 늘어뜨려진 모습이다. 土는 가지와 꽃잎이 땅에 까지 닿았다는 것을 뜻하면서, 目에 垂를 더하여 눈꺼풀이 아래로 늘어뜨려졌다는 데서 나아가 잠을 잔다는 뜻을 나타낸 글자이다. 垂자는 꽃잎이 아래로 늘어져 땅에 닿으면서 끝에 이르렀다는 뜻을 갖는다. 그래서 《설문해자》는 垂를 변경이라고 하였다. 睡는 잠잔다는 뜻이다. 또한 아래로 늘어져 일의 한계에 이르렀다는 뜻을 함축하고 있다.

《논어》 공야장의 글이다. 낮잠을 잔 제자 재여에 대하여 스승이 책망하여 말한다. "썩은 나무는 조각할 수 없으며, 썩은 흙의 담은 흙손질을 못 한다. 재여에 대하여 어찌 꾸짖으리오"(朽木不可雕也. 糞土之墻不可杇也. 於予與何誅)라고 하였다. 낮잠을 잔 제자를 썩은 나무라고 하였다. 발전의 희망이 없다는 말이다.

"형제들아 자는 자들에 관하여는 너희가 알지 못함을 우리가 원하지 아니하노니 이는 소망 없는 다른 이와 같이 슬퍼하지 않게 하려 함이라"(살전 4:13).

수(睡)

숙(淑) : 사람이 좋아하여 찾아가는 맑은 물이다.

淑자는 '맑을 숙', '착할 숙'으로 새기는 글자이다. 氵+叔(음)으로 형성자이다. 《설문해자》는 "淑은 맑고 깊은 것이다. 水를 따르고 叔은 소리이다"(淑, 淸湛也. 从水, 叔聲)라고 하였다. 한편 叔(숙)에 대하여 "叔은 거두는 것이다. 又(우)를 따르고 朿(숙)은 소리이다. 여남지방에서는 토란을 거두는 것을 이름하여 叔이라 한다"(叔, 拾也. 从又, 朿聲. 汝南名收芋爲叔)라고 하였다.

《상용자해》는 叔은 "朿과 又가 조합된 글자이다. 朿은 도끼(戚)의 머리이다. 아래 변은 하얀 도끼의 날에서 나오는 빛이다. 손(又)으로 朿을 잡고 있는 것을 叔이라 한다.…叔의 발음이 少에 가까워 年少하다는 뜻을 함유한다. 그러므로 叔父로 사용된다"라고 하였다. 《한자해형석의자전》은 "叔의 古字는 콩줄기에 콩꼬투리가 달린 형태이다. 즉, 손으로 콩꼬투리를 따는 것이다"라고 하였다. 叔의 해석이 토란과 같은 구근이나 콩꼬투리를 거두는 것 또는 의식용 도끼를 손으로 잡은 것 등으로 갈린다.

《설문해자금석》은 "금문의 叔자의 아래 3점은 콩의 형태이고, 우변은 손으로 콩을 고르는 형태이다. 《설문해자》가 叔을 '줍다'로 해석하는 이유이다. 叔은 淑과 통하고, '좋다'는 뜻이 있다"라고 하였다. 尗은 '콩 숙'자이다. 叔은 콩꼬투리(尗)를 손(又)으로 따는 형태이다. 사람이 콩을 딸 때는 잘 여문 좋은 것을 골라 딸 것이다. 그래서 叔이 '좋다'는 뜻을 갖는다. 사람이 좋아서 찾아가는 물이라면 맑은 물일 것이다. 그래서 氵+叔으로서 '맑다'는 뜻을 나타냈다. 다만 맑기만 한 것이 아니라 사람들이 찾고자 하는 좋은 것이 있는 것이다. 그래서 淑을 '사모할 숙'으로도 새긴다.

　스승과 제자의 관계를 뜻하는 용어로 사승(師承)과 사숙(私淑)이 있다. 사승은 제자가 스승을 대면하여 가르침을 받아 학문을 잇는 것이고, 사숙은 대면하여 가르침을 받지 못하고 사표가 될 사람의 저술이나 행적을 찾아 스승의 학문을 배우고 잇는 것을 말한다. 맹자는 공자 사후 107년 뒤의 사람이다. 맹자가 말하기를 "나는 공자의 문도가 되지 못하였다. 나는 사람들을 통해 그분을 사숙한다"(《맹자》 이루장구 하 22)라고 하였다.

　성경은 "또 나보다 먼저 사도 된 자들을 만나려고 예루살렘으로 가지 아니하고 아라비아로 갔다가 다시 다메섹으로 돌아갔노라"(갈 1:17)고 하였다. 바울은 개심 후 아라비아로 가서 예수님을 사숙한 예수님의 제자이다. 성도는 예수님을 찾아 사숙하는 제자이다.

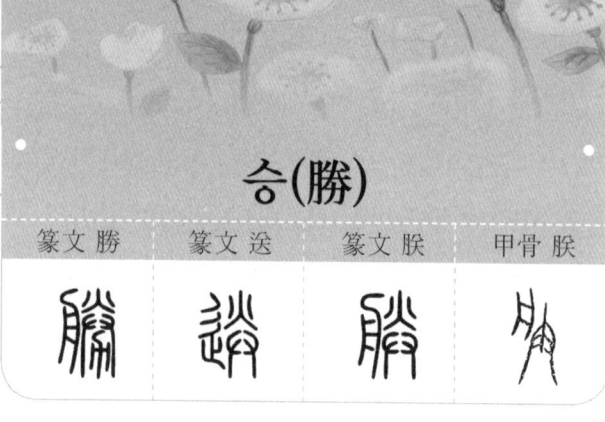

승(勝) : 맡은 일에 힘을 다하는 것이다.

勝은 '이길 승', '견딜 승'자이다. 力+朕(짐)으로 형성자 겸 회의자이다. 朕은 '나(我) 짐', '조짐 짐'자이다. 《설문해자》는 "勝은 일을 맡는 것이다. 力을 따르고, 朕은 소리이다"(勝, 任也. 从力, 朕聲)라고 하였고, 朕에 대하여 "朕은 나(我)이다"(朕我也)라고 하였다. 한편 단옥재의 주석은 朕에 대하여 "배(舟)를 꿰매는 것이다. 舟를 따르고 灷(선)은 소리이다"라고 하였다. 朕의 이체자로 䑣이 있는 것을 보면 단옥재의 설명을 이해할 수 있다. 灷은 '불똥 선'자이다. 전서에 火자가 있는 것은 벌어진 틈새를 확인하기 위하여 불로 비추어 보는 것이라고도 한다.

《갑골문자전》은 朕의 갑골문은 "두 손으로 기구를 잡고 배를 고치는 형상을 본떴다.…대개는 배의 꿰맨 곳을 수선하는 것이다"라고 하였다. 《한자원류자전》은 朕은 "두 손으로 삿대를 잡고 배를 젓는 형태이다"라고 하였다. 《자통》은 "朕은 회의자이다. 정자는 䑣으로 舟와 关(소)를 따른다. 舟는 쟁반(盤)의 형태이다. 关는 두 손으로 물건을 받드는 모양으로 送의 初字이다…옥편에 '朕은 천자의 칭호이다'로 나타난다. 대명사는 가차의 용법으로 글자의 본의라 하기는 어렵다"라고 하였다.

《한자해형석의자전》은 勝에 대하여 "勝은 力을 따르고 朕은 소리이다. 朕은 배의 꿰맨 곳을 밀봉하는 것으로 합하여 일을 살피고 고려함이 엄밀하여 새는 곳이 없이 통찰함으로 능히 무거운 임무를 담당함이다"라고 하였다. 朕의 月자는 본래 舟자로, 朕은 배의 이어 붙인 틈을 밀봉하는 것이 원뜻이고 가차하여 일인칭대명사로 사용되고 후에 황제의 자칭(自稱)이 되었다. 勝은 力에 朕을 더한 것으로, 배를 수리하듯 일을 치밀하게 할 수 있는 힘이 있으므로 무거운 임무를 감당할 수 있다, 이길 수 있다는 뜻으로 발전한 것이다. 배의 이어붙인 나무판은 물이 스며들지 않도록 치밀하게 봉해야 할 것이다. 또한 성실과 힘을 다할 때에 이길 수 있다.

《중용》은 "성실은 사물의 처음과 끝이니 성실하지 않으면 사물이 없다"라고 하였고, 《사자소학》은 "낮에는 밭 갈고 밤에는 책 읽으며, 할 일을 다 하고 천명을 기다리라"(晝耕夜讀, 盡事待命)고 하였다. 진사대명(盡事待命)은 진인사대천명(盡人事待天命)의 줄인 말이다. 힘을 다할 때 이기는 것이다.

> "삼손이 이르되 블레셋 사람과 함께 죽기를 원하노라 하고 힘을 다하여 몸을 굽히매 그 집이 곧 무너져 그 안에 있는 모든 방백들과 온 백성에게 덮이니 삼손이 죽을 때에 죽인 자가 살았을 때에 죽인 자보다 더욱 많았더라"(삿 16:30).

시(始) : 인생의 시작은 어머니 복중이다.

始는 '처음 시'자로 女+台(음)의 형성자이다. 台는 '별(星) 태', '기뻐할 이'자이다. 《설문해자》는 "始는 여자가 처음으로 생산하는 것이다. 女를 따르고 台(이)는 소리이다"(始, 女之初也. 从女, 台聲)라고 하였고, "台는 기뻐함이다. 口를 따르고 㠯(以)는 소리이다"라고 하였다. 《설문해자금석》은 주석에서 "台자는 곧 以(이)자이다. 금문 台자에서 口를 제거하면 곧 以자이다. 台자는 以로서 번식의 글자이다"라고 하였다. 《한자원류자전》은 "以와 巳(사)는 자원이 같다. 갑골문은 巳자를 뒤집은 글자이다. 즉, 머리를 아래로 향한 태아로 이미 형태를 이루어 출생을 필요로 하는 것을 표시하였다"라고 하였다. 巳는 '자식 사'로도 새긴다. 《한자해형석의자전》은 "台는 口와 㠯를 따른다.…농기구인 쟁기의 형태를 본떴다"라고 하였다. 《갑골문자전》은 갑골문의 㠯는 "보습의 상형자이다. 즉, 耜(사)의 본자이다.…복사에서 가차하여 以자로 하였다. 갑골문의 以자는 사람이 보습을 사용하는 형상을 본떴다"라고 하였다.

《상용자해》는 "농사를 시작하기 전 신에게 기도하는 것이 요구되는데, 台는 농사를 시작하기 전 쟁기, 호미의 속된 것을 떨어 버리는 의식이다.…사람의 출생 또한 농사와 같이 생각하여 출산 전에 쟁기를 잡고 평안한 출산을 기도하는 의식을 하였다. 이로부터 始가 출생의 뜻과 일의 시작의 뜻을 갖는다"라고 하였다. 台자의 자원은 여자의 출산 혹은 농기구인 쟁기 등으로 갈리고 있다. 이는 보습의 㠯와 자식의 巳가 같은 자원인 데서 나타난 현상으로 보인다. 그러나 출산은 인생의 시작이고, 봄철의 쟁기질은 한 해 농사의 시작인 것은 같다. 始자는 女에 台자를 더하여 사람의 시작이 어머니 복중임을 나타냈다. 그러나 사람의 생명이 다만 어머니 뱃속에서만 시작되는 것일까?

《중용》 17장은 "그러므로 하늘이 만물을 낳음은 반드시 그 재질로 말미암아 두텁게 하나니, 그러므로 심어진 것은 북돋아 주고 기울어진 것은 넘어뜨린다"라고 하였고, 《논어》 안연편은 "죽고 사는 것이 천명에 있고, 부와 귀는 하늘에 달려 있다"(死生有命, 富貴在天)라고 하였다. 《중용》은 만물의 시작을 하늘로 보았고, 《논어》는 사람의 생명이 하늘의 명(天命)에 있다 하였다. 즉, 사람이 어머니 뱃속에서 그 생명이 시작되지만 그것을 만드는 것은 하늘이라 함이다.

> "내가 너를 모태에 짓기 전에 너를 알았고 네가 배에서 나오기 전에 너를 성별하였고 너를 여러 나라의 선지자로 세웠노라"(렘 1:5).

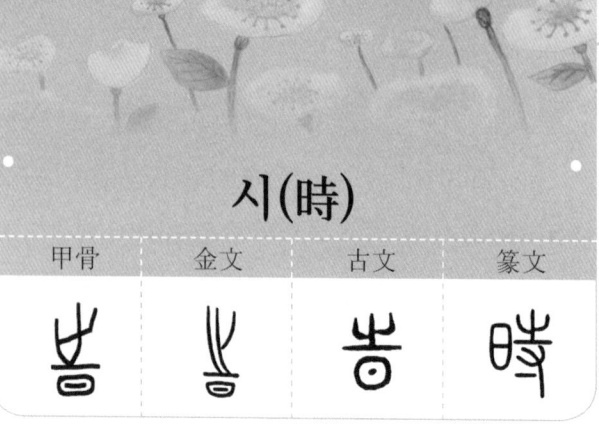

시(時) : 시간의 단절이 없는 지속을 뜻한다.

時는 '때 시'자로 日+寺(음)의 형성자이다. 《설문해자주》는 "時는 사계절이다. 日을 따르고 寺(시)는 소리이다. 旹(시)는 고문의 時이다. 日을 따르고 之는 소리이다"(時, 四時也. 从日, 寺聲. 旹古文時, 从日, 之聲)라고 하였다. 《상용자해》는 "時는 형성자이다. 성부는 寺이다. 寺는 사물을 가지고 있는 것 혹은 끊이지 않고 계속 남아 있다는 뜻이다. 持(지)의 초문이다. 손으로 잡은 것을 끊이지 않고 계속 잡고 있는 것을 持라 한다. 시간이 지속적인 뜻을 가질 때 時라고 한다. 時는 시간, 시절, 계절을 가리킨다"라고 하였다. 《한자해형석의자전》은 "갑문의 아래는 日을 따르고, 위는 之를 따르는 회의자이다. 태양이 머무르지 않고 운행하는 중에 춘하추동의 사계절을 이룬다는 뜻이다. 소전은 日을 따르고 寺는 소리의 형성자이다. 태양이 자연 법칙을 따라 운행하며 일 년 사계절, 24절기를 이루는 데 부합하다"라고 하였다.

時의 해석은 갑골문과 전문의 두 가지로 해석할 수 있다. 갑골문을 따른 고문은 뿝로서 日+之이다. 그 뜻은 해(日)가 운행(之)하면서 사계절을 이룬다는 것이고, 전문은 時로서 日+寺이다. 寺는 '마을 사', '내시 시'자로서 내시, 곧 환관이 일을 맡아 하는 고대의 관공서를 말하면서 법도(法度)라는 뜻을 갖는 글자이다. 즉, 해가 자연 법칙을 따라 운행하며 사계절을 이룬다는 뜻을 갖는다. 특별히《상용자해》는 時를 시간의 지속으로 해석하였다.

한편 시간을 나타내는 글자에 刻(각)이 있다. 刻은 '새길 각', '시각 각'자이다. 刻은 칼로 무엇을 새긴다는 뜻이다.《사원》에서는 刻에 대해 "시간을 계측하는 단위이다. 고대에 동루의 시계에서 하루를 일백 刻으로 나누었다"라고 하였다. 즉, 고대 물시계에서 시간을 재는 자의 눈금을 하루를 100으로 나누어 새긴 데서 刻이 시간의 단위를 뜻하는 글자가 되었다. 그런즉 刻은 짧은 시간을 가리킨다. 흔히 짧은 시간을 촌각(寸刻), 촌음(寸陰)이라고 한다. 즉, 時는 연속하는 시간을, 刻은 짧은 시간을 가리키는 것으로 볼 것이다.

《논어》의 시작이 "배우고 때때로 익히면"(學而時習之)이다.《사서보주비지》의 주석에는 "때때로 익힘은 때때로 복습하여 사이가 끊어지지 않게 함이다"(時習是時時溫習無間斷)라고 하였다. 배움은 쉼이 없는 일이다. 그러므로 사람이 벼슬이 없이 죽으면 묘비에 학생이라 하였다.

"너는 말씀을 전파하라 때를 얻든지 못 얻든지 항상 힘쓰라 범사에 오래 참음과 가르침으로 경책하며 경계하며 권하라"(딤후 4:2).

식(飾)

篆文

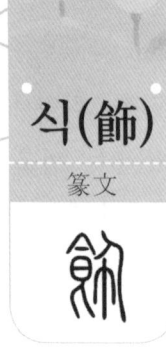

식(飾) : 수건으로 식기의 더러운 것을 닦는 것이다.

飾은 '꾸밀 식'자이다. 巾+人+𩙿(食)(음)의 형성자이다. 《설문해자》는 "飾은 수건으로 닦는 것이다. 巾(건)을 따르고 人을 따른다. 食은 소리이다. 式(식)과 같이 읽는다. 일설에 머리를 꾸미는 것이다"(飾㕞也. 从巾, 从人, 食聲, 讀若式. 一曰豫飾)라고 하였다. 단옥재의 주석은 "무릇 물건에서 그 먼지와 때를 제거함이다. 그러므로 그 광채를 더하는 것이다. (원문의) 㕞(쇄)는 飾이 본뜻이다. 무릇 사물에 화려함을 더하는 것을 모두 飾이라 일컬으니 인신의 뜻이다.…물건을 닦는 것은 수건이요, 수건을 사용하는 것은 사람이다"라고 하였다.

《상용자해》는 "飾은 회의자로서 𩙿(사)와 巾의 조합이다. 𩙿는 사람의 앞에 식기(食器)를 벌려 놓은 것을 나타내며 식사하다, 식품의 뜻이 있다. 食의 초문이다. 식사 전에 몸에 매단 수건으로 식기를 닦아 깨끗하게 하는 것을 飾이라 말하며, 수건으로 닦는 것이 본뜻이다. 刷(쇄)는 허리띠에 맨 수건으로 손을 닦는 것을 뜻한다"라고 하였다. 㕞는 자료에 따라 '닦을 설', '닦을 쇄'로 나타나는데, 《강희자전》에서는 厳는 刷와 음(音)이 같다고 하였다. 刷는 '닦을 쇄'로 厳와 서로 통용하는 글자이다. 飾자는 食과 巾과 人으로 된 글자로 사람이 수건으로 식기를 닦는 것이 본뜻이며, 물건을 닦으면 광채가 나는 데서 발전하여 '꾸민다'는 뜻을 갖게 된 글자이다. 飾자는 물건에 있는 더러운 먼지와 때를 닦아 깨끗하게 하는 것이다.

그런데 자칫 깨끗하게 함이 꾸밈이 될 수가 있다. 그 경계는 어디일까? 《논어》 헌문편은 "옛날에는 배우는 사람이 자기를 위하여 배웠는데, 지금 배우는 사람은 다른 사람을 위하여 배운다"(古之學者爲己, 今之學者爲人)라고 하였다. 여기서 '위기지학'(爲己之學), '위인지학'(爲人之學)이라는 성어가 나왔다. 양백준은 《논어역주》에서 '위인지학'에 대하여 "자기를 꾸며 남에게 보이는 데 있다"라고 하였다. 자기를 위하여 공부하는 사람은 자기 수양을 위하여 공부하는 것이고, 다른 사람을 위하여 공부하는 사람은 자기를 꾸며 다른 사람에게 보이기 위하여 공부하는 것이다. 《사기열전》 이장군열전에서는 "복숭아와 오얏은 말하지 않아도 그 아래에 저절로 길을 이룬다"(桃李不言, 下自成蹊)라고 하였다.

> "너희의 단장은 머리를 꾸미고 금을 차고 아름다운 옷을 입는 외모로 하지 말고 오직 마음에 숨은 사람을 온유하고 안정한 심령의 썩지 아니할 것으로 하라 이는 하나님 앞에 값진 것이니라"(벧전 3:3-4).

식(飾)

신(神) : 만물을 이끌어 나오게 하는 하늘의 신이다.

神자는 示+申(음)의 형성자이다.《대한한사전》은 神을 '천신 신', 하느님 신'으로 새기고 있다(張三植編,《大漢韓辭典》, 서울: 進賢書館, 1982).《설문해자》에서는 "神은 하늘에 있는 神이다. 만물을 이끌어 나오게 하는 자이다. 示와 申을 따른다"(神, 天神. 引出萬物者也. 从示申)라고 하였다.《상용자해》는 "申은 번개의 형상이다. 번개는 하늘의 신령이 보내는 위세 있는 빛으로 보였다.…申은 神의 본자이다. 申이 또한 신고(申告) 등의 뜻을 가지면서 구별하기 위하여 申에 제상(祭床)을 표시하는 示자를 더하여 神자를 구성하였다"라고 하였다.

한편《설문해자》는 申에 대하여 "申은 神이다. 7월에 음기가 이루어지면 몸을 스스로 펼치고 묶어 준다. 臼(구)를 따르고 스스로 붙잡는 것이다"라고 하였다. 神자는 示에 申을 더한 글자이다.《상용자해》는 申은 神의 본자라 하였고,《설문해자》는 申은 神이라고 하였다. 申을 神으로 보는 것은 두 주장이 같다고 하겠다. 申자는 번개의 모습을 본뜬 글자이다. 고대인은 번개를 보면서 하늘의 神을 생각하였다. 《상용자해》의 설명같이 申자가 다른 뜻으로 사용되면서 申에 示를 더하여 구별하였다는 것은 수긍이 가는 일이다. 또한 번개는 사람이 만들 수도, 막을 수도 없는 사람의 능력 밖의 초월적인 존재이다. 이로부터 고대인은 신령한 존재로서의 하늘의 神을 생각하게 되었다. 비록 申자가 번개의 모습을 본뜬 글자이지만 그로부터 神을 생각한 고대인의 의식의 발전 또한 주목할 일이다. 번개를 운용하는 하늘의 신은 만물을 펼치기도 하고 묶기도 하면서 만물을 이끌고 산출하는 분이라는 것이 《설문해자》의 설명이다. 그러므로 《설문해자》는 神을 일반의 귀신이 아닌 하늘의 神, 천신(天神)이라 하였다.

《논어》 팔일편에서 말하기를 "하늘에 죄를 얻으면 빌 곳이 없다"(獲罪於天, 無所禱也)라고 하였다. 양백준의 《논어역주》는 "하늘에 죄를 지으면 기도가 소용이 없다"라고 하였다. 공자는 하늘을 기도의 대상으로 생각하였음을 알 수 있다. 하늘은 펴기도 하고 묶기도 하니 《명심보감》 천명편은 "하늘의 그물은 넓고 넓어서 성기어도 새지 않는다"(天網恢恢疎而不漏)라고 하였다.

> "하나님의 이름을 찬송할 것은 지혜와 능력이 그에게 있음이로다 그는 때와 계절을 바꾸시며 왕들을 폐하시고 왕들을 세우시며 지혜자에게 지혜를 주시고 총명한 자에게 지식을 주시는도다"(단 2:20-21).

실(實) : 집 안에 끈에 꿰어 묶은 돈 꾸러미가 있다.

實은 '열매 실'자로 宀(면)+貫(관)의 회의자이다. 《설문해자》는 "實은 부유함이다. 宀을 따르고 貫을 따른다. 貫은 재물과 돈을 표시한다"(實, 富也. 从宀, 从貫. 貫, 貨貝也)라고 하였다. 한편 貫에 대하여는 "貫은 錢(전)이나 貝(패)를 꿰는 것이다. 毌(관)과 貝를 따른다"(貫, 錢貝之貫. 从毌貝)라고 하였다. 《상용자해》는 "實은 회의자이다. 宀과 貫의 조합이다. 宀은 조상 사당의 지붕을 가리킨다. 貫은 돈을 이어 꿴 것을 뜻한다. 끈을 사용하여 꿴 돈을 사당에 바친 것으로 實은 풍성한 제물을 말한다. 이로부터 實은 충실하다는 뜻과 아울러 열매의 뜻이 있다"라고 하였다.

《설문해자금석》은 서호의 《단주전》을 인용하여 "毌은 보화를 횡으로 꿴 것을 본뜨고, 貫은 돈을 꿴 것으로 해석한다"라고 하였다. 毌은 '꿸 관'자이다. 貝는 '조개 패'자이다. 조개는 고대사회에서 화폐로 사용되었다. 즉, 貫자는 돈을 끈으로 꿰어 묶은 것이다. 宀자는 집의 지붕을 말한다. 實자는 집에 돈 꾸러미가 있는 것을 나타낸 글자로 《설문해자》가 實을 부유함이라고 하는 이유이다. 집에 재화가 가득한 데서 충실하다, 열매라는 뜻으로 발전한 글자이다. 實자의 중심은 貫자이다. 貫자는 돈을 끈에 꿰어 맨 돈 꾸러미이다. 우리 속담에 "구슬이 서 말이라도 꿰어야 보배다"라고 하였다. 모든 일은 일을 꿰는 끈이 있기 마련이다.

《논어》 이인편은 "나의 도는 하나로 꿰뚫었다"(吾道一以貫之)라고 하였다. 즉, 공자의 가르침을 꿰뚫는 한 가닥의 줄기, 끈이 있다는 것이다. 세상사를 꿰어 이루는 끈은 무엇인가? 《명심보감》 입교편에서는 "글을 읽는 것은 집을 일으키는 근본이고, 이치를 좇는 것은 집을 보호하는 근본이며, 부지런하고 검소한 것은 집을 다스리는 근본이고, 화목하고 공순한 것은 집을 가지런히 하는 근본이다"라고 하였다. 집을 이루는 세 가지 근본으로 학문, 근로, 화순을 말하고 있다.

기독교 신앙을 잘 표현한 그림 중에 밀레의 〈만종〉이 있다. 황혼의 들판에서 기도하는 부부의 모습이다. 〈만종〉에는 세 가지 의미가 있다. 기도하는 신앙과 들에서 일하는 노동, 부부가 함께하는 사랑이다. 그 세 가지를 다시 하나로 이끄는 것은 바로 신앙이라 할 것이다.

"예수께서 그들에게 이르시되 내 아버지께서 이제까지 일하시니 나도 일한다"(요 5:17).

"아버지께서 나를 사랑하신 것같이 나도 너희를 사랑하였으니 나의 사랑 안에 거하라"(요 15:9).

일을 하나로 꿰어 묶을 때 부요와 열매가 있다.

심(審) : 감추인 것을 살펴 아는 것이다.

審은 '살필 심'자로 宀(면)+釆(변)자의 회의자이다. 釆은 '분별할 변', '나눌 변'자이다. 《설문해자》는 "宷(심)은 다 아는 것이다. 상세하게 빠짐없이 아는 것이다. 宀을 따르고 釆(변)을 따른다. 審은 전문의 宷으로 番(번)을 따른다"(宷, 悉也. 知宷諦也. 从宀从釆. 審, 篆文宷, 从番)라고 하였다. 宷은 審의 本字이다. 《설문해자》는 또한 "釆은 辨자이다. 변별의 뜻이다. 짐승의 발가락이 갈라진 형상을 본떴다"(釆 別也, 象獸指爪分別也)라고 하였다.

《중문대사전》은 원문의 '指爪'(지조)를 "손가락을 말한다"(謂指也)라고 하였다. 指爪를 손톱으로도 해석하나 《중문대사전》을 따랐다. 《한어대사전》은 "釆은 辨의 고자이다. 짐승의 발가락이 갈라진 형상을 본뜬 것으로, 본의는 짐승의 발가락이다. 발전하여 변별(辨別)의 뜻이 되었다"라고 하였다. 《한자해형석의자전》은 宀은 방이 어두운 것을 의미하고, 番은 밭에 남겨진 짐승의 발자국을 살펴 짐승의 종류와 행방을 안다는 데서 분별하여 알게 된다는 뜻을 갖게 된 것으로 보았다.

《설문해자계전》은 "宀은 덮은 것이다. 釆은 구별하는 것이다. 싸서 덮인 것을 살펴 깊이 구별하는 것이다"라고 하였다. 審자는 宀+釆+田으로 宀은 사물을 덮어 가린 것을 뜻하고, 番은 밭(田)에 남은 짐승의 발자국을 살피는(釆) 것이다. 審은 《설문해자계전》의 설명과 같이 덮이고 가려져 알기에 모호한 것을 살펴 상세히 아는 것을 뜻한다.

《소학》 선행편에 사지(四知)라는 이야기가 있다. 중국 후한(後漢) 시대에 양진(楊震)이라는 사람이 있었다. 양진이 지방을 순행하면서 창읍(昌邑)이라는 곳에서 하룻밤을 자게 되는데, 당시 창읍 수령 왕밀(王密)은 양진의 추천으로 창읍의 수령이 된 사람이다. 그날 밤 왕밀이 양진을 찾아와 금 열 근을 주는 것이다. 양진이 사양하자 왕밀이 말하기를 "어두운 밤이라 아는 이가 없습니다"라고 한다. 양진이 대답하기를 "하늘이 알고 귀신이 알고, 내가 알고 당신이 아는데 어찌 아는 이가 없다 하시오"(天知. 神知. 我知. 子知. 何謂無知)라고 하였다. 이에 왕밀이 부끄러워하며 물러갔다.

보디발의 아내가 동침을 청할 때 요셉은 "내가 어찌 이 큰 악을 행하여 하나님께 죄를 지으리이까"(창 39:9)라고 말한다. 여자가 동침을 청하는 은밀한 자리, 다른 사람의 이목이 없는 유혹의 자리에서 요셉은 하나님을 생각하였다.

"하나님은 모든 행위와 모든 은밀한 일을 선악 간에 심판하시리라"(전 12:14).

審은 감추인 것을 살펴 아는 것이다.

심(深) : 굴이 깊은 데서 물이 깊은 것으로 발전하였다.

深은 '깊을 심'자로 氵+罙(음)의 형성자이다. 《설문해자》는 "深은 강물 이름이다. 계양군 남평현에서 흘러나와 서쪽으로 영도현으로 들어간다. 水를 따르고 罙(삼)은 소리이다"(深, 水出桂陽南平, 西入營道, 从水, 罙聲)라고 하였다. 계양 남평은 지금의 호남성 람산현 동쪽이고, 영도는 호남성 영원현이다. 이곳의 강 이름이 고대에는 심수(深水)로 불렸다. 한편 전서에서 深은 㴱으로서 氵+突(삼)으로 되어 있다. 突은 '굴뚝 삼', '깊을 삼'자이다. 《설문해자》는 "突은 深이다. 일설에 부엌 위의 연기를 내보내는 창문이다. 穴(혈)을 따르고, 火(화)를 따르고, 求(구)의 생략을 따른다"라고 하였다. 단옥재의 주석은 "이는 今字로 古字를 해석한 것이다. 突은 고자이고, 深은 금자이다. 전서는 突을 㴱으로 썼다. 예서에서 변하여 罙, 深으로 썼다"라고 하였다. 즉, 深자의 罙의 전서는 突으로 穴과 火와 求의 생략형인 一의 조합으로 본 것이다.

《세설한자》는 深에 대하여 "갑골문은 하나의 큰 손이 동굴 가운데서 깊이를 재는 것이다.…해서에서 水부를 더하여 물의 깊이를 표시하였다"라고 하였다. 《고문해성자근》은 突은 "한 사람이 광산의 갱도 안에서 하품을 하는 것이다. 지하 깊은 곳은 공기가 희박하기 때문에 호흡이 곤란하고 식은땀을 흘리는 것이다"라고 하였다. 突자에 대한 해석을 부엌의 연기를 내보내는 창문 또는 굴뚝, 동굴에 손을 뻗어 깊이를 재는 것, 광산의 갱도에서 사람이 하품하는 것 등으로 볼 수 있다.

공통적인 것은 穴자에서 보듯이 굴이 깊은 것을 뜻하고 있는 것이다. 굴이 깊다는 뜻의 突자에 水를 더하여 물이 깊은 것을 뜻하게 된 글자가 深이다. 격물치지(格物致知)라고 한다. 사물의 이치를 깊이 연구한 뒤에 지혜에 이른다는 말이다. 《대학》1장의 "사물에 이른 뒤에 앎에 이르고, 앎에 이른 뒤에 뜻이 정성된다"(物格而后知至, 知至而后意誠)에서 유래된 말이다. 속담에도 "물이 깊어야 고기가 모인다", "산이 깊어야 범이 있다"라고 하였다. 深자는 굴이 깊은 데서 물이 깊은 것을 뜻하게 된 글자이다.

바벨론 포로에서 돌아온 에스라는 율법을 연구하고 백성을 가르치기로 결심하였다(스 7:10). 또한 나라를 다시 세우는 일에 율법을 기초로 삼았다.

> "능히 모든 성도와 함께 지식에 넘치는 그리스도의 사랑을 알고 그 너비와 길이와 높이와 깊이가 어떠함을 깨달아 하나님의 모든 충만하신 것으로 너희에게 충만하게 하시기를 구하노라"(엡 3:18-19).

심(深)

암(暗) : 문이 닫히니 방 안이 어둡다.

暗은 '어두울 암'자로 日+音(음)의 형성자이다.《설문해자》는 "暗은 해가 밝지 않은 것이다. 日을 따르고, 音은 소리이다"(暗, 日無光也. 从日, 音聲)라고 하였다.《상용자해》는 "暗은 형성자이다. 성부는 音이다. 音은 諳(암), 黯(암)의 소리이다. 원자는 闇(암)으로, 門 가운데서 소리를 내는 것이다. 門은 神의 감실(龕室)의 두 짝의 열린 문이다. 감실 아래 神을 향한 기도의 축문을 두고 신의 뜻을 묻는 것이다.…감실 앞에 놓아둔 제기(口)에서 소리가 나는데 신의 소리, 신의 강림의 소리를 闇이라 하였다. 신의 뜻의 나타남은 밤에 희미하지만 들을 수 있는 기척이다. 그래서 闇은 어둡다, 어두컴컴하다 등의 뜻이 있다"라고 하였다.

한편 闇, 晻은 다 같이 '어두울 암'자로 暗의 이체자이다.《상용자해》는 暗자의 우변에 있는 音자의 원형은 闇이라 하였다. 즉, 音자는 闇자의 생략형이라는 것이다.《설문해자》는 闇자에 대하여 "闇은 닫힌 門이다. 門을 따르고 音은 소리이다"(闇, 閉門也. 从門, 音聲)라고 하였다. 문이 닫혀 있으니 방 안에 햇빛이 들어오기가 어려워 방 안이 어두컴컴할 것이다. 이로부터 어둡다는 뜻을 가지게 된 글자이다. 즉, 暗자는 해를 뜻하는 日자에 문이 닫혀 어둡다는 뜻의 闇자의 생략인 音자를 더하여 어둡다는 뜻을 나타낸 글자이다.

"황하를 건너려니 얼음이 강을 막고, 태행에 오르려니 눈으로 하늘이 어둡다. 한가로이 시냇물에 낚싯대 드리우다 홀연히 배를 타고 서울 가기 꿈꾼다. 가는 길이 어려워라. 가는 길이 어려워라. 갈림길도 많았거니 지금 어디 있느냐"(欲渡黃河冰塞川, 將登太行雪暗天, 閑來垂釣碧溪上, 忽復乘舟夢日邊, 行路難, 行路難, 多岐路, 今安在). 이백(701~762)의 시 〈행로난〉(行路難) 중의 일부이다. 두 번째 구의 暗天은 滿山으로 된 곳도 있다. 이백이 이 시를 쓴 때는 그의 나이 43세, 천보3년으로 3년의 짧은 궁중생활 끝에 고력사의 미움을 받아 벼슬을 잃고 장안을 떠나 떠돌기 시작하던 때이다. 이백은 이후로 다시 벼슬에 나가지 못하고 62세에 세상을 하직한다. 황하강을 건너려니 얼음이 막고, 태행산을 오르려니 눈이 어둡게 하늘을 가린다. 이는 길이 막히고 문이 닫혔던 이백의 어두운 삶을 비유로 표현한 것이리라. 갈림길과 막힌 길에서 방황하는 것이 어찌 이백 한 사람뿐이겠는가?

> "예수께서 또 말씀하여 이르시되 나는 세상의 빛이니 나를 따르는 자는 어둠에 다니지 아니하고 생명의 빛을 얻으리라"(요 8:12).

암(暗)

약(約) : 불편한 약속도 지켜야 한다.

約은 '묶을 약', '맹세할 약'자로 糸+勺(음)의 형성자이다.《설문해자》는 "約은 둘둘 감아 묶은 것이다. 糸를 따르고 勺(작)은 소리이다" (約, 纏束也. 从糸 勺聲)라고 하였다. 勺은 '구기 작'으로 구기는 술이나 국 등을 뜨는 데 사용하는 국자와 비슷한 기구이다.《상용자해》는 "勺은 자루를 구부린 국자의 형태를 나타낸다. 그리고 糸는 굽어진 곳을 실로 감아 묶은 것으로 約으로 일컫게 되었다. 연결, 서약의 뜻이 있고, 또한 대강의 뜻이 있다"라고 하였다.《한자해형석의자전》은 "손으로 노끈을 잡고 다발로 묶는 뜻을 나타낸다"라고 하였다.《각천신자원》은 "約은 형성자이다. 糸와 음부인 勺으로 이루어졌다. 실을 묶어 뜻을 나타냈다"라고 하였다. 約자는 노끈을 묶거나 매듭을 지어 일정한 뜻을 나타냈던 결승문자(結繩文字)의 흔적이다. 文字 또한 사회적 약속이다. 약속의 뜻으로 이 외에 盟(맹)과 誓(서)가 있다.

《설문해자》는 "盟은…희생의 소를 죽여 그 귀를 잘라 흐르는 피를 붉은 쟁반에 받아 마시며, 소의 귀를 옥그릇에 세운다"라고 하였다. 또한 誓에 대하여 《설문해자》는 "誓는 약속이다. 言을 따르고 折(절)은 소리이다"라고 하였다. 《한자해형석의자전》은 "誓는 화살을 꺾거나 부절을 쪼갬으로써 약속의 말을 정하는 것이다"라고 하였다. 盟은 피로써 하는 약속이고, 誓는 피 없이 화살을 꺾는 것으로 하는 약속이다. 피와 꺾은 화살은 약속의 담보이다. 약속 중에는 불편한 약속도 있다.

《사기열전》 자객열전에는 노나라 장수 조말(曹沫)의 이야기가 있다. 당시 노나라는 제나라와의 전쟁에서 패하고, 노나라는 수읍의 땅을 제나라에 주는 것으로 강화조약을 맺게 된다. 조약의 자리에서 조말은 단상에 뛰어올라 제나라 임금의 목에 비수를 대고 "큰 나라가 노나라를 침략함이 지나칩니다. 선처하기 바랍니다"라고 하였다. 이에 제나라 임금이 빼앗은 땅을 돌려주기로 약속한다. 조말이 비수를 버리고 내려가자 제나라 임금은 약속을 깨려 한다. 위협을 받고 한 약속이었기 때문이다. 그러자 관중이 제나라 임금에게 "제후들의 신뢰를 잃을 수 있으니 약속대로 돌려주는 것이 좋겠습니다"라고 권면함으로 제나라 임금은 약속을 지키게 된다.

성경 여호수아 9장을 보면 기브온 사람들이 여호수아와 이스라엘 사람들을 속이고 화친의 언약을 맺게 된다. 약속을 하고 3일 뒤 이스라엘은 속은 것을 알았다. 그러나 "우리가 이스라엘의 하나님 여호와로 그들에게 맹세하였은즉 이제 그들을 건드리지 못하리라"(수 9:19)고 하였다.

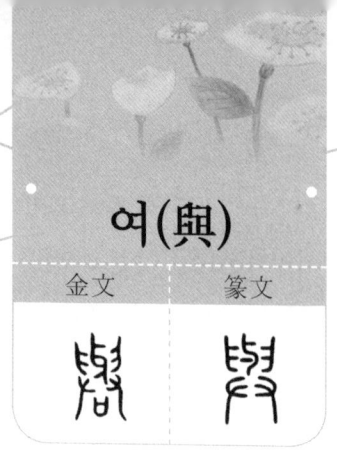

여(與) : 환난당한 자와 함께하시는 하나님

與는 '더불어갈 여'자로 与+舁이다. 舁(여)를 음으로 하는 형성자 또는 회의자로 본다. 与는 '줄 여'이고, 舁는 '마주들 여'자이다. 《설문해자》는 "與자는 무리이다. 舁를 따르고, 与를 따른다"(與, 黨與也. 从舁, 从与)라고 하였다. 단옥재의 주석에서는 黨을 무리로, 与를 주는 것으로 해석하였다. 《한자해형석의자전》에서는 与를 자루가 긴 국자로 보면서 與는 "지사로서 한 국자의 국을 주는 것이다"라고 하였다. 《한자원류자전》은 與는 "두 손을 맞잡은 형상으로 손을 잡고 교제하는 것을 표시한다"라고 하였다.

《상용자해》는 "회의자이다. 与, 臼(구), 廾(공)의 셋이 합한 형태이다. 与는 두 개의 코끼리 이빨을 표시하고, 臼와 廾은 가지런한 형태로 두 손을 함께 잡은 것을 표시한다. 4개의 손이 받들어 잡고 상아 등의 귀중한 물건을 운반하는 것이다.···운반의 자리에 이르러 넘겨 주므로 이 때문에 또 준다는 뜻을 갖는다"라고 하였다. 與자의 臼는 두 손을 맞잡은 것이고, 廾도 두 손을 맞잡은 것이다. 즉, 舁는 네 개의 손이다. 舁 안에 물건인 与를 두어 네 개의 손 즉 두 사람이 맞들고 운반하는 형상이 與자이다. 《설문해자구두》는 舁에 대하여 "舁는 곧 두 사람이 함께 하나의 물건을 들어 올리는 것이다"라고 하였다. 與는 두 사람이 함께 물건을 잡고 운반하는 모습으로 이로부터 '주다', '더불어 하다'는 뜻을 갖게 되었다.

진단학회에서 출간한 《한국사》를 보면 임진왜란 당시 임금이 난을 피하여 서울을 떠날 때 수행한 사람은 '백여 인'에 불과하였다. 평양을 지나 박천에서 다시 의주를 향하여 갈 때는 '수십 인'이 왕을 수행하게 된다. 심지어 개성에서는 왕의 실정에 분노하여 왕에게 돌을 던지는 백성까지 있었으나, 호위하는 자가 미약하여 이를 막지 못하였다 한다. 왕의 피난길에 수행자 중 많은 사람이 도망한 것이다. 《명심보감》 교우편은 "술이나 음식을 먹을 때 형이니 아우니 하는 친구는 천 명이 있으나, 위급한 환난의 때는 친구가 하나도 없다"라고 하였고, 《전국책》 초책에서는 "재물로 사귄 사람은 재물이 다하면 교제를 끊고, 고운 얼굴로 사귄 사람은 꽃이 지면 사랑도 변한다"라고 하였다.

성경에서 요셉은 형들의 미움을 받아, 아버지의 사랑받는 아들에서 애굽의 종으로 팔려가고, 다시 보디발의 아내의 무고로 감옥에 갇히게 된다. 그러한 중에 요셉에게 친구는 없었다. 그러나 성경은 말한다.

"요셉이 옥에 갇혔으나 여호와께서 요셉과 함께하시고"(창 39:20-21).

역(易) : 도마뱀은 때를 따라 색이 변한다.

易자는 '바꿀 역', '쉬울 이'로서 상형자이다. 《설문해자》는 "易은 도마뱀 또는 도마뱀붙이로서 상형자이다. 《비서》(祕書)에 이르기를 日, 月 두 자로 易자를 합성하였다. 陰陽의 변화를 상징한다. 일설에는 勿을 따르며 무릇 易에 속한 것은 모두 易을 따른다"(易, 蜥易, 蝘蜓, 守宮也. 象形, 祕書說, 日月爲易. 象陰陽也. 一曰, 从勿. 凡易之屬皆从易) 라고 하였다. 《설문해자금석》은 《영남이물지》를 인용하여 "그 머리가 12때를 따라 색이 변한다"라고 하면서 그로부터 易이 변한다는 뜻을 갖게 된 것으로 보았다. 《설문해자》는 勿(물)에 대하여 "고을에 세운 깃발이다. 자루에 세 개의 깃발이 있는 것을 본뜬 것이다. 잡백의 기엽과 폭의 색이 반이 다른 정폭이다. 이로써 백성을 모으며, 일이 급한 연고로 匆匆(총총)이라 하였다"라고 한다.

《한자해형석의자전》은 "易의 갑골문은 그릇의 입구가 오른쪽을 향하여 물이 넘치는 형상을 본떴다. 세 개의 기울어진 획은 물을 가리킨다. 금문은 그릇의 입구가 위 또는 왼쪽을 향한 형상이다. 대개

益(더할 익), 溢(넘칠 일)의 본자로 일컫는다. 소전에서 도마뱀의 형상을 본뜬 것은 蜴(도마뱀 척)자의 본자이다"라고 하였다. 《왕력고한어자전》은 益은 溢의 본자라 하였다. 易의 자원에 대하여는 '도마뱀', '日과 月의 합성', '그릇의 물이 넘치는 모양' 등의 주장이 있다. 그 외에 그릇의 물을 다른 그릇에 옮겨 붓는 것이라고도 한다. 그릇의 물이 넘치는 것이나, 도마뱀이 색을 바꾸는 것이나, 해와 달이 서로 교차하는 것이나, 옮기고 변화한다는 뜻은 같다 하겠다. 또한 그 변화가 쉽게 이루어지는 데서 쉽다는 뜻도 가지게 됨을 유추할 수 있다. 시대를 따라 없어지는 것과 새로이 생기는 것이 있다. 시대의 변화를 어떻게 읽을 것인가?

《예기》 공자한거편에는 "하늘에 사시가 있어서 봄, 여름, 가을, 겨울이 있고, 바람과 비와 서리와 이슬이 있으니 모두 가르침이 없는 것이 없다. 또한 땅은 神의 기운을 싣고, 神의 기운은 바람과 천둥이 되고, 바람과 천둥은 그 흔적을 땅 위에 펼친다. 여러 사물이 이슬같이 태어나며 가르침이 없는 것이 없다"(天有四時, 春秋冬夏, 風雨霜露, 無非教也. 地載神氣, 神氣風霆, 風霆流形, 庶物露生, 無非教也)라고 하였다.

"여호와께서 그가 기뻐하시는 모든 일을 천지와 바다와 모든 깊은 데서 다 행하셨도다 안개를 땅끝에서 일으키시며 비를 위하여 번개를 만드시며 바람을 그 곳간에서 내시는도다"(시 135:6-7).

역(易)

연(然) : 개고기를 태워 하늘에 제사를 드리는 것이다.

然은 '사를 연', '그러할 연'자로 犬+肉+火를 조합한 회의자이다. 《설문해자》는 "然은 불에 태우는 것이다. 火를 따르고 肰(연)은 소리이다. 難(연)은 然의 이체자이다. 艸(초)를 따르고 難(난)은 소리이다"(然, 燒也. 从火, 肰聲. 難, 或. 从艸難)라고 하였다. 《설문해자금석》은 청조(淸朝), 송보(宋保)의 《해성보일》(諧聲補逸)을 인용하여 원문의 難을 '難聲'으로 해석하였다. 《상용자해》는 "然은 月(肉)에 犬을 더한 것이다. 곧 희생을 위해 드린 개고기이다. 불을 사용하여 굽기 때문에 然이다. 형태는 고기가 불에 태워지는 것을 본떴다. 연소의 뜻이 있다. 사람들은 개고기를 태워 그 향기가 하늘에 오르면 신령의 환심을 얻을 수 있다고 믿었다. 개와 쌀을 드리되, 개고기를 불에 태워 그 향기를 하늘에 올려 제사를 드리는 것을 類(류)라 하였다. 然의 음을 빌리고, 然을 사용하여 '맞다', '그렇다', '그러나'(然而)의 뜻을 나타낸 것은 뒤의 일이다. 그 외에 然에 火를 더한 燃으로서 연소(燃燒)의 뜻을 나타냈다"라고 하였다.

《세설한자》는 "然자의 본뜻은 불로 개고기를 태우는 것이다. 고대에는 개고기를 태워 하늘에 제사를 드렸다. 이로부터 파생하여 연소의 뜻이 되었다"라고 하였다. 然자는 개고기를 태워 하늘에 제사를 드리는 것으로, 이로부터 '태우다'는 뜻을 갖는 글자이다. 또한 然자는 '그러하다'는 뜻으로도 사용된다. 이는 원뜻이 아니고 후대에 빌려 온 뜻이다. 自然이라 한다. 문자의 뜻은 '저절로 그러하다'는 것이다. 그러나 然자는 사람이 하늘에 제사를 드리며 하늘의 환심을 얻기를 바라는 뜻을 갖고 있다.

《중용》은 "하늘이 명한 것을 性이라 하고, 性에 따름을 道라 하고, 道를 닦는 것을 敎라 한다"라고 하였다. 하늘이 명한 것을 성이라 함은 사람의 본성은 하늘이 명하여 준 것이라는 말이다.《논어》계씨편에서는 "나면서 절로 아는 것이 으뜸이요, 배워서 아는 것은 다음이라"(生而知之者上也, 學而知之者次也)고 하였다. 만물은 저절로 그러한 것이 아니라 하늘로부터 지음을 받은 것이다. 然자는 肰자 밑에 灬를 두어 개고기를 불에 태우는 모습이다. 옛 사람들이 하늘의 환심을 얻기 위하여 하늘에 제사를 드린 것이 然자의 본뜻이다. 自然은 저절로 그러한 것이 아니다.

"태초에 하나님이 천지를 창조하시니라"(창 1:1).

"하나님이 자기 형상 곧 하나님의 형상대로 사람을 창조하시되 남자와 여자를 창조하시고"(창 1:27).

연(然)

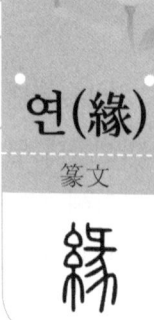

연(緣) : 옷의 가장자리를 따라 가선을 대는 것이다.

緣은 '가선 연', '인연 연'자로서 糸+彖(음)의 형성자이다. 가선은 옷의 소매 끝이나 자락의 가장자리를 다른 헝겊으로 가늘게 싸서 돌린 선이다. 《설문해자》는 "緣은 의복의 가장자리를 꾸민 것이다. 糸를 따르고, 彖(단)은 소리이다"(緣, 衣純也. 从糸, 彖聲)라고 하였다. 彖은 '판단할 단', '돼지달아날 단'자이다. 단옥재의 주석은 "이는 고자(古字)로서 금자(今字)를 해석한 것이다. 예전에는 衣純(의순)이라 하였고, 경전에 보이는바 지금은 衣緣(의연)이라 한다"라고 하였다. 《예기》심의편에는 "두 분 부모가 계실 때는 가선을 청색으로 하고, 아버지가 계시지 않는 고자(孤子)는 가선을 백색으로 한다"(具父母衣純以青, 如孤子衣純以素)라고 하는데, 이때 가선을 衣純이라 하였다. 《설문해자》는 緣을 衣純, 즉 가선으로 해석한 것이다.

한편 彖에 대하여《설문해자》는 "彖은 돼지가 빨리 뛰는 것이다. 彑(계)를 따르고 豕(시)의 생략을 따른다"라고 하였다. 彑는 '돼지머리 계'자이고, 豕는 '돼지 시'자이다. 《정중형음의종합대자전》은 "위는 예리한 머리를 본뜨고, 아래는 털 있는 다리를 본떴다. 본래 털 있는 짐승을 나타내며, 緣은 옷의 가장자리에 장식을 더한 것으로 짐승에 덧붙은 터럭과 같다. 그러므로 緣은 彖의 소리를 따른다"라고 하였다. 緣자는 糸+彖이다. 돼지의 발에 털이 있는 것을 꾸밈과 같이 여기어 彖자를 糸에 더하여 옷의 가장자리를 꾸민 가선의 뜻을 나타냈다 할 것이다.

한편 단옥재의 주석은 "緣의 뜻에서 파생하여 因緣(인연), 夤緣(인연)이 되었고, 세속에서 마침내 그 소리를 분별하였다"라고 한다. 因緣과 夤緣은 발음이 같으면서 같은 뜻으로 사용되다가 뒤에 구별하게 된 것으로 생각된다. 《광운》에서는 "인연(夤緣)은 잇닿는 것이다"(夤緣, 連也)라고 하였다. 緣은 옷의 가장자리를 따라서 실로 감거나 다른 헝겊으로 싸기도 하는 가선으로, 가장자리를 따라 줄로 이어진 모습에서, 사람과 사람을 잇는 인연(因緣), 연분(緣分), 연줄이라는 뜻으로 발전하였다 할 것이다. 불교에서는 因緣에 대해 "결과를 내는 친인(親因)은 因, 결과를 내는 데 보조되는 것은 緣으로, 쌀과 보리는 그 종자를 인으로 하고 노력, 우로, 비료 등을 연으로 한다"(운허 용하 편,《불교사전》, 서울, 홍법원, 1971, 731쪽)라고 하였다.

"내 주인 아브라함의 하나님 여호와께서 나를 바른 길로 인도하사 나의 주인의 동생의 딸을 그의 아들을 위하여 택하게 하셨으므로 내가 머리를 숙여 그에게 경배하고 찬송하였나이다"(창 24:48).

영(榮) : 꽃이나 불꽃이 번성한 모습이다.

榮자는 '영화 영', '오동나무 영'으로 횃불을 엇갈려 세운 모닥불의 상형, 혹은 木+熒(형)의 생략을 소리로 한 형성자로 본다. 熒은 '등불 형'자이다. 《설문해자》는 "榮은 오동나무이다. 木을 따르고, 熒의 생략을 소리로 한다. 일설에 집 처마의 양 끝의 솟은 부분을 榮이라 부른다"(榮, 桐木也. 从木, 熒省聲. 一曰,屋梠之兩頭起者爲榮)라고 하였다. 《정중형음의종합대자전》은 "榮자는 木을 따르며 熒의 생략을 소리로 한다. 본뜻은 오동나무로 이해한다. 즉 오동나무이다. 그러므로 木을 따른다. 또한 熒은 집 아래의 등불의 빛으로 이해한다. 오동나무 꽃은 보랏빛이거나 붉은빛으로서 등불의 빛의 색과 매우 비슷하다. 그러므로 榮이 熒의 소리를 따른다"라고 하였다.

《설문해자금석》은 주석에서 "나뭇가지가 서로 교차한 모양을 본떴다. 그 끝은 炏(개)를 따르며 나무의 꽃이다. 炏는 焱(염)의 생략형이다. 《설문》에 焱은 불꽃이다. 나무의 꽃이 불꽃과 같다. 이에 炏를 따름으로 꽃의 모양을 본떴다. 꽃의 뜻으로 榮을 사용하였다. 桐(동)

은 일명 榮이다. 혹설에 횃불을 교차한 모양을 본떴다 한다"라고 하였다. 桐은 '오동나무 동'자이다. 《세설한자》는 "금문은 두 그루의 나무가 교차하여 서로 화초의 무성함을 다투는 형상을 취하였다. 상부의 여섯 개의 점(点)은 꽃이 다투어 피는 형상이다.…꽃송이가 변하여 두 개의 火자가 되었다. 그 아래는 변하여 木자가 되었다"라고 하였다.

《상용자해》는 "야간 경계의 때에 타오르는 횃불의 형태를 나타낸다. 횃불이 밝게 타오르는 형상을 榮이라 한다"라고 하였다. 榮자의 해석이 서로 상이하지만 한 가지 공통은 만개한 꽃이라든지, 타오르는 불꽃이라든지 모두 무성하고 번창한 것을 말하는 것이다. 《자전》에서도 '무성할 영'으로 새기기도 한다. 일이 성하고 영화로운 것을 번영(繁榮)이라 하고, 높은 자리로 올라가는 것을 영전(榮轉)이라 한다. 그러나 꽃의 아름다움이 얼마나 갈 것인가? 맹호연의 시 〈봄날의 새벽〉(春曉)이 있다. "봄잠에 날 밝는 것 몰랐는데, 곳곳에 새소리 들려온다. 지난 밤 비바람 소리 들리더니, 꽃잎은 얼마나 떨어졌을까?"(春眠不覺曉, 處處聞啼鳥, 夜來風雨聲, 花落知多少)라고 한다. 봄날 새벽의 풍경을 노래하면서, 꽃잎이 지듯이 지나가는 봄을 아쉬워하고 있다. 인생도 그러할 것이다.

"모든 육체는 풀과 같고 그 모든 영광은 풀의 꽃과 같으니 풀은 마르고 꽃은 떨어지되 오직 주의 말씀은 세세토록 있도다"(벧전 1:24-25).

영(盈)

篆文

영(盈) : 가득 차면 쏟아진다.

盈은 '찰 영'자이다. 皿(명)+乃(내)+夊(치)로 회의자이다. 《설문해자》는 "盈은 물건이 가득 찬 그릇이다. 皿과 夃 (고)를 따른다"(盈, 滿器也. 从皿夃)라고 하였다. 夃는 '이득볼 고', '팔 고', '잠시 고' 등으로 새기는 글자로 乃+夊의 회의자이다. 《설문해자》는 "秦(진) 지방 사람들이 물건을 팔아 얻은 것이 많은 것을 夃라고 하였다. 乃를 따르고, 夊를 따르며 여러 차례 오는 것이다. 乃를 따른다"라고 하였다.

《설문해자구두》는 설명하기를 "이미 편의함을 얻었은즉 거듭 가는 것이다. 그러므로 또 ㄋ(내)를 따른다"라고 하였다. ㄋ는 乃의 본자이다. 乃자는 '이에', '이리하여'의 뜻과 함께 '바로, 곧'의 뜻도 있다. 夊는 '뒤에 올 치'이다. 《설문해자구두》의 설명은 시장에서 물건을 팔아 이익을 얻었으니 거듭하여 시장을 찾는다는 것이다. 거듭하여 가는 것이니 그 시간의 간격이 잠시일 것이다. 夃는 얻은 것이 많다는 데서 '많다'는 뜻이다. 皿은 그릇이다. 皿에 夃를 더하였으니 그릇에 물건이 많다, 가득 찼다는 뜻이 된다. 盈자는 가득 찼다는 뜻이다. 그러나 孕자가 '많다'와 '잠시'라는 뜻을 갖듯이, 가득 찬 것은 잠시 후면 기울어 비게 된다. 유좌지기(宥坐之器)라 한다. 宥는 右의 뜻이며, 이는 자리의 오른쪽에 두어 경계를 삼는 그릇이라는 의미로 座右銘(좌우명)의 기원이다.

공자가 주(周)나라 사당에 들어가니 기기(攲器)가 있었다. 攲는 '기울 기'자로 攲器는 기울어진 그릇이라는 뜻이며, 攲를 '의'로 읽기도 하여 '의기'라고도 하고 '유좌'라고도 부르며, 攲를 敧로 바꾸어 敧器로 쓰기도 한다. 공자가 "듣기로 유좌라는 그릇은 가득 차면 엎어지고, 비우면 기울어지고, 알맞게 채우면 바로 선다 하던데 그러하오?" 하며 묻고 시험해 보니 과연 그러하였다. 이에 공자가 말했다. "가득 참을 유지하는 방법은 덜어내고 덜어내는 것이다"《한시외전》, 공자관어주묘편). 기기는 위는 넓고 아래는 좁은 그릇으로 그릇의 외부 중간 양옆에 고리를 하여 줄에 매달았다. 비우거나 물을 가득 채우면 무게 중심이 위로 되어 기울어지거나 엎어지지만, 적당히 채우면 그릇이 바로 서게 된다. 선비들이 옆에 두고 過不足(과부족)을 경계하였다. 박수받을 때 떠나라고 한다. 모든 일이 가득 찬 때에 사양하고 덜어내는 것이 지혜이다.

> "내가 그들의 조상들에게 맹세한바 젖과 꿀이 흐르는 땅으로 그들을 인도하여 들인 후에 그들이 먹어 배부르고 살찌면 돌이켜 다른 신들을 섬기며 나를 멸시하여 내 언약을 어기리니"(신 31:20).

영(盈)

오(誤) : 큰 소리로 떠드는 말에는 진실함이 적다.

誤는 '그릇할 오', '잘못할 오'자로 言+吳(음)의 형성자이다.《설문해자》는 "誤는 그릇됨이다. 言을 따르고 吳(오)는 소리이다"(誤, 謬也. 从言, 吳聲)라고 하였다. 吳자는 '오나라 오', '큰소리할 오'자이다.《설문해자》는 "吳는 성(姓)이다. 또한 郡의 이름이다. 일설에 吳는 큰 소리로 떠들썩한 것이다. 夨(측)과 口를 따른다"라고 하였다. 또한 夨에 대하여 "夨은 머리를 기울인 것이다. 大를 따르고 상형이다. 무릇 夨에 속한 것은 모두 夨을 따른다"라고 하였다. 夨자는 '머리기울일 측'자이다. 사람의 형상인 大자의 머리 부분을 길게 기울여 머리를 기울인 것을 나타냈다.《한자원류자전》은 "吳는 갑골문과 금문은 모두 夨과 口를 따르고 춤추면서 노래하는 것을 표시하며 가무오락의 뜻이다. 夨은 머리를 기울이고 유연하게 일어나 춤추는 사람이다"라고 하였다.《한자해형석의자전》은 "誤는 사람이 머리를 흔들며 춤을 추면서 큰 소리로 말하는 형상으로 말과 사실이 서로 맞지 않다는 것이다"라고 하였다.《설문해자주》의 주석은 吳에 대하여

"큰 소리로 하는 말은 바른 도리가 아니다"(大言非正理也)라고 하였다.

《상용자해》는 "誤는 형성자이다. 성부는 吳이다. 吳는 제기를 붙잡고 춤추며 신으로부터 기쁨을 취하는 형태를 나타낸다. 마음에 원하는 것을 기도하여 얻음으로 실현하는 것을 따른다. 열정이 충만하여 춤추며 신령에 붙어 미치광이 같은 상태에 들어간다. 이러한 때에 말하는 것은 비정상적인 말이다. 잘못된 말, 혹은 다른 사람이 오해할 수 있는 말을 많이 하게 된다. 이 때문에 誤는 착오, 실수의 뜻이 있다"라고 하였다. 吳는 矢으로 사람이 머리를 기울인 것을 나타냈고 口를 더하였다. 즉, 吳자는 사람이 머리를 흔들며 춤을 추면서 큰 소리로 노래하고 말하는 모습이다. 여기서 발전하여 그러한 말에는 그릇됨이 있다는 뜻이 되었다. 言에 그릇됨의 뜻을 갖는 吳를 더하여 '그릇되다', '현혹하다'라는 뜻을 갖게 하였다. 즉, 誤에는 큰 소리로 다른 사람을 현혹한다는 뜻이 있다.

《논어》 자로편은 "강하고, 굳세고, 소박하고, 말 느린 것이 어짊에 가깝다"(剛毅木訥近仁)라고 하였다. 한편 《채근담》 섭세편은 "음침하게 말 없는 선비를 만나면 마음을 다 주지 말라"(遇沈沈不語之士且莫輸心)고 하였다. 말이 적으면 때로 음침하다는 오해를 살 수 있다. 말을 해야 할 때와 하지 않아야 할 때를 구별하는 것이 지혜일 것이다.

"경우에 합당한 말은 아로새긴 은 쟁반에 금 사과니라"(잠 25:11).

외(畏) : 호랑이보다 무서운 것이 있다.

畏는 '두려워할 외'자로 甶(불)+虎(省)의 회의자이다. 甶은 '귀신머리 불'자이다. 《설문해자》에서는 "畏는 두려워함이다. 甶을 따르고, 虎의 생략을 따른다. 귀신의 머리와 호랑이 발톱으로 가히 두려워할 바이다"(畏, 惡也. 从甶, 虎省. 鬼頭而虎爪, 可畏也)라고 하였다. 《한자원류자전》은 "갑골문은 한 사람이 머리에 무서운 가면을 쓰고 손에 나뭇가지를 들고 치려는 형상이다"라고 하였다. 《설문해자》는 "호랑이 발톱으로 잘못 생각하였다"라고 하였다. 《세설한자》는 "갑골문의 우변은 귀신이고, 좌변은 막대기의 형상으로 귀신이 막대기를 잡고 사람을 두렵게 하는 것이다"라고 하였다. 갑골문에서는 머리를 크게, 하반신을 작게 그리고, 손에 막대기를 들고 있는 형상을 알 수 있다. 畏자에 대하여 호랑이가 발을 들어 치려는 형상, 무서운 가면을 쓴 사람이 막대기를 들고 치려는 형상, 귀신이 막대기를 들고 사람을 두렵게 하는 형상 등으로 설명한다. 막대기를 들고 위협하는 귀신이나 사람, 발을 들어 치려는 호랑이도 무섭다 할 것이다. 그러나 호랑이보다 무서운 것이 있다.

《예기》 단궁 하이다. 공자가 태산 곁을 지날 때 한 부인이 무덤에서 울고 있었다. 공자가 자로를 시켜 연유를 물으니 여자가 대답하기를 "지난날에 내 시아버님이 호랑이에게 죽었고, 내 남편이 또 죽었습니다. 그리고 지금 내 아들이 또 죽었습니다"라고 한다. 다시 묻기를 "어찌하여 (이 지방을) 떠나지 않느냐?" 하니 여자가 대답하기를 "가혹한 정사가 없습니다"라고 하자 공자가 말한다. "가혹한 정사가 호랑이보다 사납다."

한편 《논어》 계씨편에 말한다. "군자는 세 가지 두려워함이 있으니, 천명을 두려워하고, 대인을 두려워하며, 성인의 말씀을 두려워하느니라. 소인은 천명을 알지 못하여 두려워하지 않는지라 대인을 가볍게 여기고, 성인의 말씀을 희롱하니라"라고 하였다. 천명(天命), 하늘의 명령이다. 군자는 하늘의 명령을 두려워하고, 소인은 하늘의 명령을 두려워하지 않는다 하였다. 귀신도, 폭력도, 정치도 사람을 두렵게 한다. 그러나 사람이 진정 두려워할 것은 천명 곧 하나님의 명령이다.

"어리석은 자는 그의 마음에 이르기를 하나님이 없다 하는도다 그들은 부패하고 그 행실이 가증하니 선을 행하는 자가 없도다"(시 14:1). "여호와를 경외하는 것이 지식의 근본이거늘 미련한 자는 지혜와 훈계를 멸시하느니라"(잠 1:7).

유(柔) : 창 자루의 부드러움

柔는 '부드러울 유'자로 木+矛(모)의 회의자로 본다.《설문해자》에서는 "柔는 나무의 굽음과 곧음이다. 木을 따르고 矛는 소리이다"(柔, 木曲直也. 从木, 矛聲)라고 하였다. 단옥재의 주석은 "무릇 나무가 굽은 것은 곧게 할 수 있고, 곧은 것은 굽게 할 수 있는 것을 부드럽다(柔) 이른다"라고 하였다. 柔에는 '창 모(矛)'자가 있다. 창 자루는 나무이다. 창 자루가 단단하기만 하면 부러질 수 있다. 이에 유연하여 굽기도 하고 펴기도 할 수 있어야 한다. 木에 矛를 더하여 나무의 질이 유연하다는 뜻을 나타낸 것이다.

《상용자해》에서는 卣(유)와 夒(노)의 회의자로 보았다. 神에게 술(卣 : 酒器)을 제물로 드리면서 그 앞에서 춤출 때(夒 : 舞蹈者) 神이 사람의 정신을 평안하고 부드럽게 하는 것으로 보았다.《설문해자금석》의 주석은 "손으로 나무를 굽히고 펴면 揉(주무를 유)라 쓰고, 불로 나무를 굽히고 펴면 煣(휘어 바로잡을 유)라 쓴다"라고 하였다. 무거운 해머(hammer)의 자루는 물푸레나무를 쓴다. 물푸레나무는 탄

성이 좋아 휘어지기는 해도 부러지지는 않는다.

노자《도덕경》36장에서는 "부드러운 것이 강한 것을 이긴다"(柔弱勝剛强)라고 하였고,《중용》은 "관대함과 온유함으로 가르치고, 무도한 자에게 보복하지 않는 것이 남방의 강함이다. 군자는 이렇게 한다. 창칼과 갑옷을 두른 채 죽어도 그만두지 않는 것은 북방의 강함이다. 강한 자는 이렇게 한다"(寬柔以敎, 不報無道, 南方之强也, 君子居之. 袵金革, 死而不厭, 北方之强也, 而强者居之)라고 하였다. 대개 날씨가 따뜻한 남쪽은 문화적으로 화순하고 음악도 느리다. 반면 날씨가 찬 북쪽은 전투적이고 음악도 급하다.《중용》은 온유한 군자의 처신을 남방의 강함이라 하였다.

성경도 "하나님께서 세상의 미련한 것들을 택하사 지혜 있는 자들을 부끄럽게 하려 하시고 세상의 약한 것들을 택하사 강한 것들을 부끄럽게 하려 하시며"(고전 1:27), "부드러운 혀는 뼈를 꺾느니라"(잠 25:15)고 하였다. 다윗이 "블레셋 사람에게 이르되 너는 칼과 창과 단창으로 내게 나아오거니와 나는 만군의 여호와의 이름 곧 네가 모욕하는 이스라엘 군대의 하나님의 이름으로 네게 나아가노라"(삼상 17:45)고 하였다. 골리앗의 창과 칼이 다윗이 믿는 여호와의 이름을 이기지 못하였다. 柔자는 창 자루의 나무가 유연함에서 부드럽다는 뜻을 나타낸 글자이다. 예수님은 "나는 마음이 온유하고 겸손하니 나의 멍에를 메고 내게 배우라"(마 11:29)고 하였다.

유(誘) : 교묘한 말로 유인하는 것이다.

誘자는 '꾈 유', '권할 유'로 言+秀(음)의 형성자로 본다. 秀(수)는 '빼어날 수'로 禾(화)+乃(내)이다. 《한자원류자전》은 乃를 여자의 돌출한 乳頭(유두)로, 《한자해형석의자전》은 돌출한 乳房(유방)이라 하였다. 奶(내)자가 '젖', '젖어미'로 새기는 것을 보면 수긍이 간다. 즉, 禾에 돌출의 뜻이 있는 乃를 더하여 벼 이삭이 돌출하여 빼어난 것을 나타낸 것이 秀자이다. 誘는 言에 秀를 더하여 빼어난 말로 유혹하거나 권하는 것을 나타낸 글자이다.

한편 《설문해자》 言부에는 誘자가 없다. 대신 厶(사)부의 㕱(유)자에서 誘를 이체자로 소개하면서 "㕱는 다른 사람을 손짓하여 불러 이끄는 것이다. 厶(사)를 따르고 羑(유)는 소리이다. 誘는 이체자로서 言과 秀를 따른다. 䛻(유)는 이체자로서 㕱와 같다. 羑는 고문이다" (㕱, 相訹呼也. 从厶, 羑聲. 誘, 或从言秀. 䛻, 或如此, 羑古文)라고 하였다. 羑는 '인도할 유'자로 《설문해자》는 "羑는 선함으로 나아가는 것이다. 羊을 따르고 久(구)는 소리이다"라고 하였다. 羊을 따름에 대하여 단옥재의 주석은 "羊은 善한 것이다. 그러므로 羊을 따른다"(羊善也. 故从羊)라고 하였다. 《자통》은 "羊을 들이는 형태로 생각할 수 있다"라고 하였다.

한편 《설문해자구두》는 "羑는 선함으로 나아가는 것이다.…羑가 厶를 따르면서 誘로서 惡을 일컫게 되었다"라고 하였다. 《설문통훈정성》에서는 "羑는…풍속에 칭찬이 지나친 것이다. 교묘한 말로 유인하는 것이다"라고 하였다. 《왕력고한어자전》은 "羑는 인도함이다. 나아감이다. 선함이다. 지금은 誘로 쓴다"라고 하였다. 《설문해자》가 말하듯이 誘와 羑는 이체자로 두 글자는 같은 뜻이다. 羑는 선함으로 인도하는 羑자에 사사롭고 간사하다는 뜻의 厶자를 더하면서 유혹한다는 뜻을 나타냈고, 誘는 言에 빼어나다는 秀를 더하여 빼어난 말로 유혹한다는 뜻을 나타냈다. 과공비례(過恭非禮)라 하였다. 경우에 벗어난 친절은 유혹이 될 수 있다. 誘는 듣기 좋은 말로 사람을 유혹하는 것이다. 《논어》 양화편은 "교묘한 말과 꾸민 얼굴에는 인이 드물다"(巧言令色鮮矣仁)라고 하였고, 《명심보감》 정기편은 "나를 책망하여 말하는 사람은 나의 스승이고, 나를 칭찬하여 말하는 사람은 나의 도적이다"(道吾惡者是吾師, 道吾好者是吾賊)라고 하였다.

> "면책은 숨은 사랑보다 나으니라 친구의 아픈 책망은 충직으로 말미암는 것이나 원수의 잦은 입맞춤은 거짓에서 난 것이니라"(잠 27:5-6).

유(誘)

음(淫) : 정도를 넘어 지나친 것이다.

淫은 '음란할 음', '넘칠 음'자로 氵+㸒(음)의 형성자이다. 《설문해자》는 "淫은 물이 지맥을 따라 점점 젖어드는 것이다. 水를 따르고 㸒(음)은 소리이다. 일설에 오랫동안 내리는 비를 淫이라 부른다"(淫, 侵淫隨理也. 从水, 㸒聲. 一曰, 久雨爲淫)라고 하였다. 또한 "㸒은 가까이 하여 구하는 것이다. 爪(조)와 壬(임)을 따른다. 壬은 요행히 얻는 것을 뜻한다"라고 하였다. 淫의 자원에 대하여 오른쪽 아래의 글자 壬을 '아이밸 임'으로 해석하면서 손(爫)을 뻗어 아이를 임신케 한, 즉 '음란하다'로 해석하기도 한다.

그러나 淫과 壬(정)과 壬(임)의 전문의 형태를 비교하면 淫의 오른쪽 아래 글자는 壬으로 보는 것이 맞다. 《설문해자》는 "壬은 좋다는 것이다. 人과 士(사)를 따른다"라고 하였다. 단옥재의 주석은 壬을 "상부는 빼어서 나온 형태를 본뜨고, 아래는 마땅히 土(토)자이다. 고대에는 이와 같이 土와 士를 분별하는 것이 심히 어려웠다"라고 하였다. 《설문해자》가 壬(정)을 人+士로 본 것이나, 해서의 淫에 壬으로 기록된 것은 土와 士의 구별이 어려웠다는 단옥재의 설명으로 이해할 수 있다. 壬(정)은 丿(별)+土로서 사물이 땅 위에 솟아 서 있는 모습이다.

《자훈》은 "淫은 㸒(음)의 소리이다. 㸒은 爫(手)를 따른다. 壬(정)은 사람이 우뚝 서 있는 형태이다"라고 하였다. 㸒자는 좋은 것을 얻기 위해 땅 위에 우뚝 서서 손(爫)을 뻗어 가까이하는 모습이라 할 것이다. 또한 요행을 바라고 마땅히 가질 바 경계를 넘어선 것이다. 그러므로 淫은 氵에 㸒를 더하여 물이 경계를 넘어 넘친 것을 뜻한다. 장맛비를 淫雨(음우)라 하고, 色을 지나치게 탐하는 것을 淫이라 하는 것도 같은 맥락이 될 것이다. 한마디로 淫은 분수를 넘어 지나친 것을 뜻하고 있다.

《논어》 팔일편은 "관저는 즐거우면서도 음란하지 않고, 애처로우나 상하게 하지 않는다"(關雎, 樂而不淫, 哀而不傷)라고 하였다. 관저는 《시경》에서 첫 번째로 등장하는 노래이다. 그중에 "아리따운 아가씨, 사나이의 좋은 짝"(窈窕淑女, 君子好逑)이라 하며 남녀 간의 사랑을 노래하고 있다. 그러한 《시경》 관저에 대하여 《논어》는 '즐거우면서도 음란하지 않다'(樂而不淫) 하였다. 樂而不淫(낙이불음)의 경계를 아는 것이 필요하다.

> "여호와께서 호세아에게 이르시되 너는 가서 음란한 여자를 맞이하여 음란한 자식들을 낳으라 이 나라가 여호와를 떠나 크게 음란함이니라"(호 1:2).

하나님을 떠난 것이 음란이다.

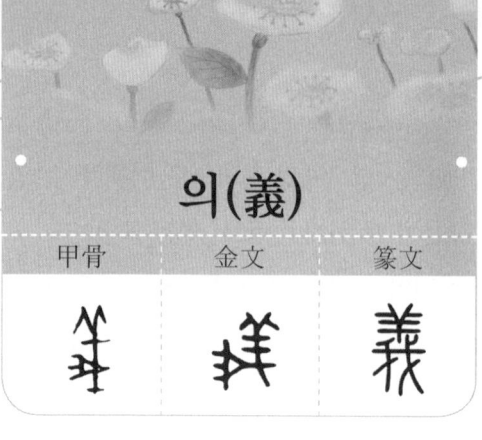

의(義) : 법도에 맞는 것이 옳은 것이다.

義는 '옳을 의'자로 羊+我(음)의 형성자 또는 회의자로 본다. 《설문해자》에서는 "義는 자신의 위엄 있는 태도이다. 我와 羊을 따른다"(義, 己之威儀也. 从我羊)라고 하였다. 원문의 威儀(위의)를 국어사전은 "예법에 맞는 몸가짐"이라 하였다. 《설문해자》는 사람의 몸가짐이 예의에 맞는 것을 의롭다 한 것이다. 한편 義자에 있는 我자에 대하여 《상용자해》는 "가차이다. 我는 곧 톱의 형태이다. 갑골문과 같이 금문자의 형태가 나타내는바 我는 본래 톱날이 들쭉날쭉한 띠톱(帶鋸)을 가리킨다. 다만 후에 차용하여 1인칭의 我가 되었다. 이에 톱의 我자를 대신하여 형성자 鋸(거)를 만들었다"라고 하였다.

《한자원류자전》에서는 義자를 "칼과 톱을 사용하여 우양을 도살하여 제사를 드리는 것이다"라고 하였다. 《화설한자》는 "義는 儀의 본자이다. 갑골문은 자루가 긴 막대의 위에 양 머리 하나를 매달고, 중간에는 삼지창의 무기를 횡으로 꽂은 형상이다. 일종의 위엄의 기세를 상징한다. 義의 본의는 威儀로서 고대 禮儀의 상징이다. 후에

儀制(의제), 法度(법도)로 발전하였다"라고 하였다. 我자가 칼과 톱의 도살용 기구나 의식용 창이라는 것은 我자에 있는 '창 과(戈)'자를 보아 알 수 있는 일이다. 義는 창 위에 양 머리를 매단 형상으로 제사나 의식을 상징하는 글자로 예법이든, 제사법이든 그 행동이 법도에 맞는 것을 의롭다 할 것이다.

《논어》팔일편에는 "공자께서 태묘에 들어가 제사를 지낼 때는 일마다 물었다. 어떤 사람이 말하기를 '누가 추인의 아들이 禮를 안다 하였는가? 태묘에 들어가 일마다 묻는다'라고 하자, 공자께서 듣고 '이것이 禮이다'라고 하였다"라고 기록한다. 태묘는 노(魯)나라의 종묘이고, 추인의 아들은 공자를 가리킨다. 공자가 물은 것은 제사의 법도일 것이다. 법도를 지키는 것이 禮이고 義이다. 義의 본뜻은 법도에 따라 신에게 제물을 드리는 것으로, 이것이 옳다는 것이다.

> "너희 중에 누구든지 여호와께 예물을 드리려거든 가축 중에서 소나 양으로 예물을 드릴지니라 그 예물이 소의 번제이면 흠 없는 수컷으로 회막 문에서 여호와 앞에 기쁘게 받으시도록 드릴지니라"(레 1:2-3). "만군의 여호와가 이르노라 너희가 또 말하기를 이 일이 얼마나 번거로운고 하며 코웃음치고 훔친 물건과 저는 것, 병든 것을 가져왔느니라 너희가 이같이 봉헌물을 가져오니 내가 그것을 너희 손에서 받겠느냐 이는 여호와의 말이니라"(말 1:13).

성도와 하나님의 관계도 성경의 법도에 맞아야 옳다 할 것이다.

의(衣) : 전문 衣자의 좌임(左衽)은 전사의 풍습이다.

衣는 '옷 의'자로 웃옷을 본뜬 상형자이다. 《설문해자》는 "衣는 사람들이 의지하는 것이다. 위의 옷을 衣라 하고, 아래 옷을 裳(상)이라 한다. 두 사람을 덮은 형상을 본떴다. 무릇 衣에 속한 것은 모두 衣를 따른다"(衣, 依也. 上曰衣, 下曰裳. 象覆二人之形. 凡衣之屬皆从衣)라고 하였다. 《정중형음의종합대자전》에는 "衣는 두 사람을 덮은 형태를 본뜬 것이다. 고대에는 옷이 없었다. 그러므로 두 사람을 덮는 것이 가능했다. 뜻을 알기가 심히 어렵다. 이에 사람이 돌려서 설명하기를…두 사람은 무리를 말하는 것과 같다"라고 하였다. 고대의 옷은 옷감의 가운데 구멍을 내서 머리를 넣어 뒤집어쓰는 형태이니 《설문》에서 덮었다고 했을 것이다. 또한 옷을 입어 추위와 외부로부터 몸을 보호하니 의지한다는 것이다.

《세설한자》는 "갑골문은 의복의 형태를 본뜬 것이다. 상부의 人자 형태는 옷깃이고, 양쪽의 열린 부분은 옷소매이다. 금문의 형태는 갑골문과 기본적으로 같고, 소전에서는 큰 변화는 없으나 다만 하부의 옷깃이 오른쪽으로 방향이 바뀌었다"라고 하였다. 《상용자해》는 "상형이다. 옷깃 끝을 합친 웃옷의 형태이다. 갑골문, 금문의 衣는 오른쪽 깃을 앞으로 한 것이 많다"라고 하였다. 衣자는 옷의 깃과 소매 등 웃옷의 형태를 본뜬 글자이다.

한편 《상용자해》는 갑골과 금문에서 오른쪽 깃이 앞에 있다 하고, 《세설한자》는 전문에서 옷깃이 오른쪽으로 바뀌었다 한다. 글자를 놓고 보는 위치에서 그러하다. 반면 옷을 입은 사람의 입장에서는 갑골과 금문은 오른쪽에서 옷깃을 여미는 우임이고, 전문은 왼쪽에서 옷깃을 여미는 좌임이다. 衣자의 전서가 좌임이 된 연유를 밝힌 글은 찾지 못하였다.

《논어》 헌문편이다. "관중이 없었다면 우리는 모두 머리를 헤치고 옷섶을 왼편으로 하는 오랑캐가 되었을 것이다"라고 하였다. 중국인들은 옷섶을 왼편으로 하는 좌임은 오랑캐의 풍속이라고 폄하하였다. 《중문대사전》의 尙左尙右(상좌상우)조를 보면 "전국시대에는 右를 숭상하되 군대에서는 左를 숭상하였다"(尙右軍中尙左)라고 한다. 좌임은 본래 호복(胡服)이라 하여 중국 북방의 말 타고 활 쏘는 유목민 전사의 풍습이다. 이것이 전국시대 군인들이 좌를 숭상한 이유일 것이고, 상무(尙武)의 전통이 있는 진나라에서 전서 衣가 좌임이 되는 것 또한 그럴 수 있다 싶다.

"너희가 주 안에서와 그 힘의 능력으로 강건하여지고 마귀의 간계를 능히 대적하기 위하여 하나님의 전신 갑주를 입으라"(엡 6:10-11).

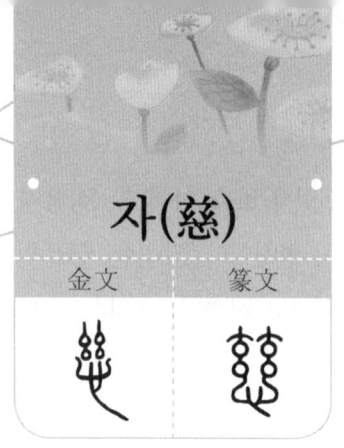

자(慈) : 풀이 무성히 자라듯 마음을 다하는 것이다.

慈는 '사랑할 자'자로 心+茲(음)의 형성자이다. 《설문해자》는 "慈는 사랑이다. 心을 따르고 茲(자)는 소리이다"(慈, 愛也. 从心, 茲聲)라고 하였다. 또한 茲는 '무성할 자'자로서, 《설문해자》는 "茲는 초목이 왕성함이다. 艸(초)를 따르고 茲의 생략이 소리이다"라고 하였다. 《상용자해》는 "慈는 형성자이다. 성부는 茲이다. 茲는 滋(자)와 통하여 더하여 많게 하다, 영양을 좋게 하다는 뜻이 있다. 이러한 종류의 양육의 심정을 慈라 말하며 자애, 인자, 자비의 뜻이 있다. 금문의 慈는 아이를 몹시 사랑하는 형태를 나타낸다"라고 하였다.

《한자해형석의자전》은 "慈는 心을 따르고 茲는 소리이다. 다른 사람에 대한 사랑의 감정이 날로 더하는 것이다. 茲는 초목이 실이 이어지듯이 번성함과 같은 뜻이다"라고 하였다. 幺(요)는 '작을 요', 幼(유)는 '작을 유'자로 모두 '실'(糸)의 상형자이다. 茲자는 ++에 幼를 더하여 실이 이어지듯이 풀이 무성한 것을 나타낸 글자이다. 慈는 心에 茲를 더하였으니 사랑의 마음이 날로 무성하게 더하는 것이라는 뜻으로 해석할 수 있다. 무엇이 마음을 다한 사랑일까?

《고문진보》에 맹교(孟郊 751~814)의 〈나그네의 노래〉(遊子吟)라는 시가 있다. "어머님 손에 들린 실이, 나그네 자식 저고리 지었네. 나그네 길에 해질까 촘촘한 바늘 자국은 돌아옴이 늦어질까 걱정하는 마음이라. 풀잎 같은 자식의 마음으로 누가 말할 수 있으랴? 봄볕 같은 어머님의 사랑을 보답하였다고"(慈母手中線, 遊子身上衣, 臨行密密縫, 意恐遲遲歸, 誰言寸草心, 報得三春暉)라고 하였다. 맹교는 어머니의 사랑을 봄볕으로 비유하였다. 따뜻하고 부드러운 사랑이다. 한편 《한비자》 50편 현학(顯學)에서는 "무릇 엄한 집에는 사나운 종이 없고, 자애로운 어머니에게는 몹쓸 자식이 있다"(夫嚴家無悍虜, 而慈母有敗子)라는 말이 있다. 사랑이 지나치면 자식을 버린다는 말이다.

맹자의 어머니는 어린 맹자가 학업 중에 집에 돌아오자 짜고 있던 베를 자르면서 "네가 공부를 중지하는 것은 내가 이 베를 자르는 것과 같다.…남자가 덕을 닦는 일에 게으르면 도둑이 아니면 종이 될 뿐이다"라고 하였다(《열녀전》 권1 추맹가모). 그래서 노자가 "인자하기 때문에 용감할 수 있다"(慈故能勇, 《노자》 67장)라고 하였던가? 진정한 사랑은 때로는 맹자 어머니와 같이 단호할 수 있다.

"매를 아끼는 자는 그의 자식을 미워함이라 자식을 사랑하는 자는 근실히 징계하느니라"(잠 13:24).

자(慈)

잠(箴) : 교훈의 말은 사람을 고친다.

箴자는 '바늘 잠'이다. 竹(죽)+咸(함)의 형성자이다. 《설문해자》에서는 "箴은 꿰매어 옷을 만드는 바늘이다. 竹을 따르고 咸은 소리이다"(箴, 綴衣箴也. 从竹, 咸聲)라고 하였다. 《자통》에서는 "관용적으로 針(침)은 바느질의 바늘이고, 箴은 경계(警戒)이다. 돌로 만든 바늘을 사용하여 치료한 데서부터 경계의 뜻으로 이해하게 되었다"라고 하였다.

《왕력고한어자전》은 "원시사회에서는 아직 금속의 바늘이 없었다. 최초에 사용한 것은 대나무 바늘이다. 이에 箴자를 지어 썼다. 후에 금속의 바늘이 생기면서 鍼(침)자를 지어 썼다"라고 하였다. 한의학에서의 바늘이나 바느질의 바늘이나 최초에는 대나무 혹은 돌로 만들었다. 그리고 후에 쇠로 만든 바늘을 사용하게 된다. 돌로 만든 바늘을 鍼石(침석) 혹은 箴石(잠석)이라 한다. 箴자에 竹자가 있는 것은 바늘이 대나무로 만들어졌다는 것을 보여 준다. 箴은 대나무로 만든 바늘이다. 바늘은 바느질의 도구이자 의사가 질병을 치료하는 데 사용되었다. 특히 바늘로 사람의 질병을 치료하는 데서 나아가 사람이 잘못된 길로 가지 않도록 경계하는 교훈의 뜻으로 발전하면서 箴言이라는 용어를 사용하게 된다.

《사기열전》 회음후열전에는 유방을 도운 한신의 최후가 나온다. 유방의 부인 여후의 계략에 붙잡혀 죽게 됐을 때 한 말이다. "내가 괴통의 계책을 사용하지 않은 것을 후회한다. 또한 아녀자에게 속았으니 어찌 하늘의 뜻이 아니랴!" 괴통은 한신의 모사이다. 한신이 산동의 제나라를 평정하고 제왕에 오르고, 유방의 명령으로 약해진 항우를 공격하고자 할 때 괴통이 한신에게 한 말이다. "지금 두 왕의 운명은 족하에게 있습니다. 진실로 신의 계책을 들어 양쪽을 이롭게 하며 두 왕을 존속시켜 천하를 셋으로 나누면 솥의 발과 같이 살 것입니다." 세력이 약해진 항우를 평정하면 유방이 한신을 제거하고자 할 것이니 아직 유방과 항우가 대립하고 있는 때에 제나라를 기반으로 유방, 항우, 한신의 삼국을 이루라는 제안이었다. 그러나 한신은 유방과의 의리를 생각하고 괴통의 제안을 받아들이지 못해 마침내 유방의 세력에 의해 최후를 맞게 된다. 속담에 "세살 먹은 아이에게도 배울 것이 있다"라고 하였다.

"여호와를 경외하는 것이 지식의 근본이거늘 미련한 자는 지혜와 훈계를 멸시하느니라 내 아들아 네 아비의 훈계를 들으며 네 어미의 법을 떠나지 말라 이는 네 머리의 아름다운 관이요 네 목의 금 사슬이니라" (잠 1:7-9).

적(敵) : 상대를 맞설 수 있는 능력이다.

敵자는 '원수 적', '짝 적'으로 攵+啇(음)의 형성자이다.《설문해자》는 "敵은 원수이다. 攴(복)을 따르고 啇(시)는 소리이다"(敵, 仇也. 从攴, 啇聲)라고 하였다. 啇는 '뿐 시'(但, 只)자이다.《설문해자금석》의 주석에는 啇에 대하여 "帝(제)의 본의는 꽃받침(花蔕)으로 가차하여 제왕의 글자로 하였다. 옛 사람들은 임금은 덕에 의지하여 형벌을 베풀어 천하를 바르게 하는 것으로 생각하였다. 帝에 口를 더하여 말로 세상을 바로 잡는 것을 표시하였다"라고 하였다.

《자통》에서는 "敵의 성부는 啇(적)이다. 啇은 帝에게 제사하는 것으로 帝의 嫡系(적계)를 나타내는 글자이며 嫡의 초문이다. 그러므로 敵은 匹敵한다는 뜻을 갖는다. 이것에 攴을 더함으로 啇을 상대하거나 적대하는 뜻이 되면서 仇敵(구적)의 뜻이 되었다"라고 하였다. 敵자는 攴+啇으로 啇은 다시 帝+口로 나눌 수 있다. 帝의 자원에 대하여는《설문해자금석》은 꽃받침,《상용자해》는 신에게 제사하는 대형 제탁(祭卓),《세설한자》는 신에게 제사하며 불을 붙이기 위해 준비한 땔나무 등으로 해석이 갈리고 있다. 특히 꽃받침이라 하는 것은 농경사회에서 꽃은 번식의 상징으로 神으로 숭배되었기 때문이다.

이상에서 敵의 본의는 帝에 있음을 알 수 있다. 帝의 뜻은 꽃받침에서 天神으로, 다시 帝王으로 발전하였다. 특히 천신이나 조상신의 제사를 할 수 있는 사람은 왕의 嫡子(적자)이다. 그러므로 啇자는 帝에게 드리는 제사를 뜻하는 데서 祭主(제주)로서 합당한 적자라는 뜻으로, 다시 짝이 맞다는 뜻으로 발전하였고, 다시 啇자에 손에 막대기를 잡고 두드린다는 뜻의 攴(攵)자를 더하여 對敵, 仇敵 등의 뜻을 나타냈다.

《손자병법》 모공편은 "병력이 적보다 10배 우세하면 적을 포위하고, 5배이면 공격하고, 2배이면 적을 분산시키고, 서로 비슷하면 힘써 싸우고, 적보다 적으면 도망하라"고 하였다. 《오자》 요적편의 기록이다. 요적(料敵)은 적을 예상하라는 뜻이다. "대저 나라를 평안히 하는 방법은 먼저 경계를 보배로 하는 것입니다"(夫安國家之道, 先戒爲寶)라고 하였다. 적대적인 나라를 경계하고 준비하는 것이 나라를 평안히 하는 것이라는 것이다. 敵은 상대하기에 짝이 맞다는 뜻이다.

"또 어떤 임금이 다른 임금과 싸우러 갈 때에 먼저 앉아 일만 명으로써 저 이만 명을 거느리고 오는 자를 대적할 수 있을까 헤아리지 아니하겠느냐 만일 못할 터이면 그가 아직 멀리 있을 때에 사신을 보내어 화친을 청할지니라"(눅 14:31-32).

| 金文 節 | 篆文 節 | 甲骨 卽 | 篆文 卽 |

절(節) : 머무를 때를 아는 지혜

節은 '마디 절'자로 竹+卽(음)의 형성자이다.《설문해자》에서는 "節은 대나무의 마디이다. 竹을 따르고 卽(즉)은 소리이다"(節, 竹約也. 从竹, 卽聲)라고 하였다. 卽에 대하여는 "卽은 사람이 음식을 취하는 것이다. 皀(급)을 따르고 卩(절)은 소리이다"(卽, 食也. 从皀, 卩聲)라고 하였다. 卽은 '곧 즉', '나아갈 즉'자이다. 卽에 대하여 단옥재의 주석은 "卽은 節로 쓰는 것이 합당하다. 주역에 이른바 '음식을 절제한다'(節飮食 : 주역 頤卦)는 것이다. 음식을 절제하는 것은 그것을 약속하고 절제하여 지나치지 않도록 함이다. 그러므로 무릇 이제 멈추는 것이다"라고 하였다.

《설문해자금석》은 "이제 멈추는 것(止於是)은 '이르렀다'(到), '곧'(就)의 뜻이다"라고 하였다.《상용자해》는 "皀은 곧 식기이다.…卩은 무릎을 꿇은 사람을 옆에서 본 모습이다"라고 하였다. 갑골문에 보듯이 皀은 음식을 담은 그릇이고, 卩은 사람이 무릎을 꿇은 형상이다. 卽은 음식을 차린 자리(皀)에 이르러 멈추어 곧(就) 음식을 먹으려는 모습이다. 卽은 어떤 일의 자리에 이르러 다음 일을 위하여 멈춘 것을 뜻하고 있다. 竹에 卽을 더하였다. 대나무가 자라나다 멈춘 곳, 즉 마디이다. 《설문석례》는 "卽은 음식에 대한 절제를 말한다. 대개 卩이 절제를 말하는 이유는 대나무에는 나누는 경계가 있으며, 즉 머물러 넘어가지 않는다는 뜻이 있기 때문이다. 그러므로 두 글자의 뜻이 통한다"라고 하였다. 음식을 먹음에는 절제가 있고, 대나무에는 마디라는 경계가 있다. 節자는 사람의 일에는 멈출 경계가 있음을 말한다.

《명심보감》 안분편은 "족함을 알아 항상 만족하면 평생토록 욕되지 아니하고, 멈춤을 알아 항상 멈추면 평생토록 부끄럽지 않다"(知足常足終身不辱, 知止常止終身無恥)라고 하였다. 또한 계성편은 공자의 제자 자장이 길을 떠나면서 스승에게 한 말씀 주시기를 청하니 공자가 말하기를 "모든 행실의 근본은 참는 것이 제일이다"(百行之本, 忍之爲上)라고 하였다. 참는 것은 분노를 멈추는 것이다. 대나무가 자라나다 멈춘 곳이 마디라는 것은 과학적 이론과는 다를 수 있다. 다만 문자에 담긴 고대인의 인식을 살필 필요가 있다. 節은 대나무의 마디를 말한다. 멈출 때를 아는 것이 삶의 지혜이다.

"여호와께서 이 백성에 대하여 이와 같이 말씀하시되 그들이 어그러진 길을 사랑하여 그들의 발을 멈추지 아니하므로 여호와께서 그들을 받지 아니하고 이제 그들의 죄를 기억하시고 그 죄를 벌하시리라"(렘 14:10).

제(弟) : 가죽끈으로 물건을 감아 묶은 것이다.

弟자는 '아우 제'로 상형자이다. 《설문해자》는 "弟는 가죽끈을 사용하여 물건을 묶는 순서이다. 고문의 모양을 따르며 대개 弟에 속한 것은 모두 弟를 따른다. 𡰥(제)는 고문의 弟자이다. 고문의 韋(위)의 생략을 따르며 丿(별)은 소리이다"(弟, 韋束之次弟也. 从古字之象. 凡弟之屬皆从弟. 𡰥古文弟. 从古文韋省, 丿聲)라고 하였다. 《정중형음의종합대자전》은 《설문해자》의 풀이를 설명하기를 "가죽끈으로 물건을 묶은 것으로, 묶은 것이 한결같지 않은즉 순서가 있다. 이는 가죽끈에 묶인 물건의 大小長短을 가리킨 것으로, 이에 그 上下先後를 정하였다"라고 하였다. 弟자의 弓(궁)자는 가죽끈으로 감은 모습을 보여 준다.

《세설한자》는 "갑골문의 중간은 상하로 곧게 세운 주살(弋)이며, 이는 긴 나무 말뚝의 형상이다. 중간은 둘둘 감아 올린 밧줄이다. 상승조(商承祚) 선생은 이를 梯(제)자의 초문으로 생각하였다.… 《설문》은 弟는 가죽끈으로 묶은 순서라 하였는데 이는 적절하지 않다. 弟자의 본의는 梯(사다리)이다. 이에 사다리는 순서에 따라 올라

간다. 弟가 순서의 뜻으로 발전한 이유이다"라고 하였다. 《갑골문자전》에서는 "주살을 화살대에 둘둘 감은 형태를 본떴다. 대개 주살을 둘둘 감는 데는 순서가 있다. 그러므로 순서의 뜻으로 발전하고, 또 형제의 뜻으로 발전하였다"라고 한다. 주살은 화살대의 깃 쪽의 끝에 추가 달린 끈을 묶어, 화살이 새 같은 표적에 맞으면 끈이 표적을 휘감아 표적이 떨어지게 하는 장치이다. 그 외에 "창에 가죽을 아래로부터 순서로 휘감고 있는 모습을 말하고 순서의 뜻을 나타내며, 가차하여 동생의 뜻으로 사용한다"《角川新字源》, 동경: 角川書店刊, 1999)라고 하고 있다.

弟자의 자원에 대하여 물건을 가죽끈으로 묶는 것, 사다리, 주살을 화살대에 감은 것, 창을 가죽으로 감은 것 등의 주장이 있다. 공통적인 것은 물건을 가죽끈으로 순서에 따라 감아 묶는 데서 순서, 형제간의 차서를 나타내게 되었다는 것이다. 스승과 제자에서 제자는 弟子로 쓴다. 제자는 스승의 뒤를 따라 가는 사람이다. 뒤를 따름은 스승을 존경함이다. 《예기》 학기편에는 "스승을 존경한 연후에 도가 존귀하다"라고 하였고, 또한 곡례상에는 "스승의 서책이나 거문고가 앞에 있으면 앉아서 옮기고 조심하여 타고 넘지 말라"고 하였다.

"예수께서 제자들에게 이르시되 누구든지 나를 따라오려거든 자기를 부인하고 자기 십자가를 지고 나를 따를 것이니라"(마 16:24).

제(弟)

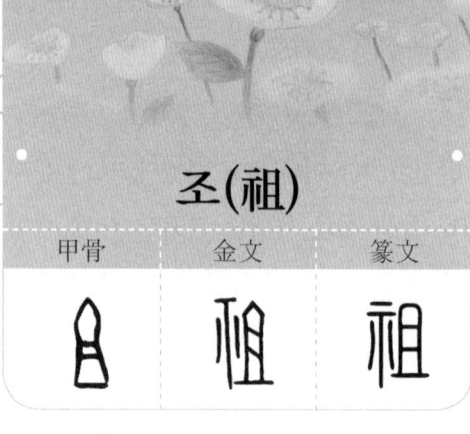

조(祖) : 제물을 담는 도마에서 조상의 뜻으로 발전하였다.

祖자는 '할아비 조', '사당 조'이다. 示+且(음)의 형성자이다. 《설문해자》는 "祖는 처음이고, 사당이다. 示(시)를 따르고, 且(차)는 소리이다"(祖, 始, 廟也. 从示, 且聲)라고 하였다. 《상용자해》는 祖는 "형성자이다. 성부는 且이다. 且는 곧 俎(조)의 형태이다. 그 위에 제물을 벌려 놓고 제사를 진행한다. 이 때문에 且의 뜻은 제사를 받는 사람을 가리키기도 한다. 즉 선조이다. 갑골문, 금문은 且를 祖로 사용하는 바 且는 祖의 초문이다.…후에 且에 示를 더하여 祖를 구성하여 선조의 뜻으로 발전하였으며 祖는 기원, 원본의 뜻이 있게 된다"라고 하였다. 俎는 '도마 조'자로 도마 또는 제물을 담는 그릇, 제단을 뜻한다. 《갑골문자전》은 祖에 대하여 "여러 형태가 대개 고기를 담은 도마를 본뜬 것이다. 본래 나무를 잘라 썰은 고기를 옮기는 데 사용하면서 후세에 이르기를 '관조(梡俎)'라 하였다.…도마는 고기를 자르는 그릇에서 점차 제사 때 고기를 담아 올리는 제기로 변하였다"라고 하였다. 관조는 네 개의 발이 달린 도마이다. 또한 且에 대하여 "고대에는 도마 위에 고기를 담아 선조에게 제사하였다. 그러므로 且로서 선조를 일컬었는데 후에 祖를 사용하게 되었다"라고 하였다.

그 외에《해자일백》은 祖를 神主로 해석하기도 하고,《한자원류자전》은 "祖는 본래 且로 썼다. 갑골문, 금문은 대개 남성 생식기 형태를 본떴으며, 이는 고대 사람들의 생식 숭배를 나타낸 것이다"라고 하였다. 且자는 제사에서 제물의 고기를 자르는 도마가 본뜻으로, 도마에 제물을 담아 제사를 드리는 데서 제사를 받는 조상을 뜻하게 된 글자이며, 후에 且에 示를 더한 祖자로서 조상을 뜻하게 되었다는 것이 일반적인 견해이다.

《논어》학이편이다. "아버지가 생존하실 때는 그 뜻을 살피고, 아버지가 돌아가신 후에는 그 행하신 일을 살핀다. 삼 년 동안 아버지의 행하신 길을 바꾸지 않으면 가히 효자라 할 수 있다"라고 하였다. 자식이 아버지를 섬김이 아버지의 뜻과 행하신 일을 따르는 것이라 하였다. 祖자는 제사에서 제물을 담는 도마(且)를 뜻하는 데서 조상의 뜻으로 발전한 글자이다. 祖자에는 조상을 섬기는 모습이 있다. 진실한 섬김은 뜻과 행함이 함께하는 것이다.

> "주께서 이르시되 이 백성이 입으로는 나를 가까이하며 입술로는 나를 공경하나 그들의 마음은 내게서 멀리 떠났나니 그들이 나를 경외함은 사람의 계명으로 가르침을 받았을 뿐이라"(사 29:13).

조(造) : 배를 짓는 것이다.

造는 '지을 조'자로 회의자, 또는 형성자로 본다.《설문해자》는 "造는 도달함이다. 辵(착)을 따르고 告(고)는 소리이다. 담장이 말하기를 造는 일(事)을 이루는(成就) 것이다. 艁(조)는 고문의 造자이다. 舟(주)를 따른다"(造, 就也. 从辵, 告聲. 譚長說, 造, 上士也. 艁, 古文造, 从舟)라고 하였다. 士는 事와 통한다.《설문통훈정성》은 "《소이아》 광고에 '造는 가는 것(適)이다. 造는 나아가는 것(進)이다'라고 하였고,《광아》 석언에 '造는 이르는 것(詣)이다'라고 하였다. 이 글자는 辵을 따르며, 본래의 뜻은 '마땅히 이르는 것'(至)이다"라고 하였다. 사람이 목적한 곳에 도달하면 뜻을 이룬 것이 되므로, 造가 '이르다', '도달하다'는 뜻과 '성취하다'는 뜻을 갖게 된 글자로 본 것이다.

한편《설문해자》는 고문의 艁자는 舟를 따른다 하였다. 艁자는 造자의 고자이다. 艁자가 舟를 따른다는 것은 艁자의 뜻이 배를 뜻한다는 것이다. 造자의 금문은 宀+舟+告로 되어 있다. 금문1, 금문2에 보듯이 집 안에 배 모양이 있다.《화설한자》는 "造자의 본뜻은 배를 짓는 것이다. 즉, 선박을 제조하는 것이다. 이 글자는 회의자 혹은 형성자이다. 금문에서 造자의 밖을 둘러싼 것은 한 채의 건물의 형상이고, 내부의 좌변은 한 척의 작은 배이다. 집 안에서 작은 배를 제조하는 것을 뜻한다. 내부의 우변의 告는 音을 나타낸다. 후에 제조, 제작, 창조의 뜻으로 발전하였다. 造자가 명사로 사용될 때 뜻은 成就(성취)이다"라고 하였다. 造자가 '지을(作) 조'와 '이를(至) 조'의 두 가지 뜻을 갖게 된 연유이다. 금문에서 宀자가 생략되면서 舟+告의 艁자로 되고, 다시 舟자가 辵(辶)자로 변한 것으로 본다. 그런데 왜 하필이면 배를 짓는 것으로 제조의 뜻을 나타냈을까?

《중국고대사회》는 "사람들은 대부분 물가의 산 구릉을 선택하여 거주하였다. 거주지 가까이에 물이 흐르고 있었으므로 물을 건너 음식물을 찾으러 갈 기회가 적지 않게 있었다.…해운의 발전이 육운보다 빨랐다"라고 하였다(허진웅 저, 《중국고대사회》, 홍희 역, 서울: 동문선, 2003, 335, 339쪽). 고대인은 대개 물가의 산언덕에 거주하면서 물을 건널 일이 많았다. 당연히 배를 짓는 일이 필요했을 것이다. 필요가 발명을 낳는다 했던가? 하나님은 우리의 필요를 아시고 지어 주시는 분이시다.

"너희 성도들아 여호와를 경외하라 그를 경외하는 자에게는 부족함이 없도다 젊은 사자는 궁핍하여 주릴지라도 여호와를 찾는 자는 모든 좋은 것에 부족함이 없으리로다"(시 34:9-10).

조(造)

준(遵)

篆文

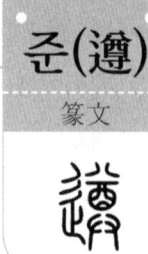

준(遵) : 제사의 법도를 따름이다.

遵자는 '좇을 준'으로 辶+尊(음)의 형성자이다. 尊(준)은 '높을 존', '술그릇 준'으로 새기는 글자이다. 《설문해자》는 "遵은 따르는 것이다. 辵(착)을 따르고 尊(준)은 소리이다"(遵, 循也. 从辵, 尊聲)라고 하였다. 《상용자해》는 "遵은 손으로 술통을 들고 순행하는 뜻을 나타낸다. 그 뜻은 마땅히 제사에 술을 드리는 의식이다. 사람으로 하여금 제사의 규칙을 따르도록 함이다"라고 하였다. 《한자해형석의자전》은 "遵은 고대에 술로 제사를 드리며 장유친소(長幼親疏)의 예법을 따르는 것이다"라고 하였다.

한편 尊에 대하여 《설문해자》는 "尊은 술그릇이다. 酉를 따르고 두 손으로 그것을 받들었다. 주례에 여섯 그릇이 있는데 소의 형상의 그릇(犧尊), 코끼리 형상의 그릇(象尊), 발이 없는 그릇(著尊), 호리병의 그릇(壺尊), 도기의 그릇(太尊), 산을 그린 그릇(山尊)으로서 제사의 빈객을 대접하는 예이다"라고 하였다. 尊은 제사에 사용되는 술을 담는 병과 같은 그릇이다. 遵자는 辶(착)에 尊을 더하였다. 辶은 부수로는 '책받침'이라고 읽으나, 본래는 辵자가 부수로 쓰일 때 사용되는 글자로 '쉬엄쉬엄갈 착'자이다. 즉, 辶은 사람이 길을 가는 것이다. 辶에 제사의 술그릇인 尊을 더하였다. 즉, 사람이 술그릇을 들고 제사의 예법을 따라 제사 의식을 행하는 것이다. 제사를 드림에서는 제사의 예법을 따르는 데서 遵자가 '따르다', '좇다'의 뜻을 갖게 되었다.

《논어》 팔일편에는 "공자께서 태묘에 들어가 제사를 지낼 때는 일마다 물었다. 어떤 사람이 말하기를 '누가 추인의 아들이 禮를 안다 하였는가? 태묘에 들어가 일마다 묻는다'라고 했고, 공자께서 듣고 '이것이 禮이다'고 하였다'라고 기록한다. 태묘는 노(魯)나라의 종묘이고, 추인의 아들은 공자를 가리킨 말이다. 공자가 제사의 법도를 몰라서 물었겠는가? 주석에는 "비록 알고 있으나 또한 묻는 것은 삼감이 지극한 것이다"라고 하였다.

블레셋 사람들이 그일라를 침공하자, 다윗이 하나님께 묻고 또 묻는다.

> "다윗이 여호와께 다시 묻자온대 여호와께서 대답하여 이르시되 일어나 그일라로 내려가라 내가 블레셋 사람들을 네 손에 넘기리라"(삼상 23:4).

《논어》 공야장편에 불치하문(不恥下問)이라 하였다. 아랫사람에게 묻는 것을 부끄러워하지 않는다는 말이다. 하물며 하나님의 말씀을 좇으며 섬기는 일을 부끄러워할 것인가?

> "하나님이 교만한 자를 물리치시고 겸손한 자에게 은혜를 주신다 하였느니라 그런즉 너희는 하나님께 복종할지어다"(약 4:6-7).

준(遵)

지(地) : 여인과 같이 땅은 만물을 거두고 품는다.

地는 '땅 지'자로 土+也(음)의 형성자이다. 《설문해자》는 "地는 원기가 처음 나누이면서, 가볍고 맑은 양의 기운은 하늘이 되고, 무겁고 탁한 음의 기운은 땅이 되었다. 땅은 만물이 펼쳐진 곳이다. 土를 따르고 也(야)는 소리이다. 墬(지)는 주문(籒文)의 地이다. 隊(전)의 소리를 따른다"(地, 元气初分, 輕淸陽爲天, 重濁陰爲地. 萬物所陳列也. 从土, 也聲. 墬, 籒文地从隊)라고 하였다. 籒文은 진시황 시대의 小篆(소전) 이전의 大篆을 말한다. 《설문해자구두》는 "원기가 나누이기 전에 혼돈하여 하나인데, 그 나눔에 미치어 맑은 것은 하늘이 되고, 탁한 것은 땅이 되었다"라고 하였다. 원기는 태초에 아직 음과 양이 나누이지 않은 기(气)의 상태를 말한다.

한편 也자에 대하여 《설문해자》는 "也는 여자의 음부이다. 상형이다. 𠃟(야)는 진(秦) 이전 시대에 석비에 새긴 也자이다"(也, 女陰也. 象形. 𠃟, 秦刻石也字)라 하였다. 《한자해형석의자전》은 "也는 뱀의 형태를 본떴다. 머리가 크고, 몸이 길며, 꼬리는 가늘다. 소전에서는 또한 입 가운데 나온 뱀의 두 가닥 혀의 형태이다"라고 하였다.《정중형음의종합대자전》은 "也로서 蛇(사)자를 하였다. 고대에는 사람이 적고 풀이 우거지고 개간이 안 되고 온통 뱀이 많아서 이르는 곳마다 뱀을 볼 수 있었다. 그러므로 地가 也의 소리를 따른다"라고 하였다.《한자원류정해자전》은 "청나라 왕균의 '문자몽구'는 也를 匜(이)의 고자로 인식하였다"라고 하였다. 匜는 '손대야 이'자이다.《자통》은 "也는 匜라고 일컬어지는 물그릇의 형태이다. 匜의 물이 흘러내리는 입 부분을 정면에서 본 형태이다"라고 하였다. 也에 대한 해석은 여자의 음부, 뱀, 물그릇 등의 주장이 있다.

《천자문》에서는 "추위가 오면 더위가 가고, 가을에는 거두고 겨울에는 저장한다"(寒來暑往, 秋收冬藏)라고 하였다. 가을과 겨울은 陰(음)의 계절이다. 陰의 성질은 거두고 저장하는 것이다. 여자가 자식을 낳아 품어 기르는 것이나, 그릇이 물을 담는 것과도 통하는 것이라 할 것이다. 地는 土에 陰을 나타내는 也를 더하여, 여자가 자식을 품어 기르듯이 땅이 만물을 거두고 품는 것을 나타냈다고 할 수 있다.

> "야곱의 집이여 이스라엘 집에 남은 모든 자여 내게 들을지어다 배에서 태어남으로부터 내게 안겼고 태에서 남으로부터 내게 업힌 너희여 너희가 노년에 이르기까지 내가 그리하겠고 백발이 되기까지 내가 너희를 품을 것이라 내가 지었은즉 내가 업을 것이요 내가 품고 구하여 내리라"(사 46:3-4).

직(職) : 명령을 잘 듣는 것이 직분자이다.

職자는 '벼슬 직', '맡을 직'으로 耳+戠(음)의 형성자이다. 戠(직)은 '무기이름 직', '찰흙 직', '찰흙 시'자이다. 《설문해자》는 "職은 미묘한 사물을 기억함이다. 耳를 따르고 戠은 소리이다"(職, 記微也. 从耳, 戠聲)라고 하였다. 《설문통훈정성》은 "오관은 귀가 마음과 더불어 가장 관통한다. 소리가 들어오면 마음에 통한다. 그러므로 듣고 읽는 것을 능히 기억함이다"라고 하였다. 《설문해자계전》은 "주례(周禮)에 나라에 여섯 직분이 있으니 모두 미묘한 일의 기록을 주관하였다"라고 하였다. 記자는 '기록하다', '기억하다' 등의 뜻을 가지면서 해석이 갈리고 있다.

한편 戠에 대하여 《정중형음의종합대자전》은 "戠은 識(알 식)의 초문이다"라고 하였고, 《한자원류자전》은 "識은 회의자 겸 형성자이다. 갑골문과 금문은 戠과 같고 전문에서 義符로 言을 더하였다. 돌출함으로써 표지가 있은즉 가히 알 수 있다는 뜻이다"라고 하였다. 《상용자해》는 "職은 형성이다. 성부는 戠이다. 戠의 형태는 창머리에 매단 장식물을 나타낸다. 창머리에 숭상하는 붉은 비단 등의 장식물을 매단 것으로, 후에 일종의 표시가 되었다"라고 하였다. 《한자해형석의자전》은 "職은 耳를 따르고 戠은 소리이다. 戠은 북을 치고 징소리를 울려 군중에 호령하며 군사의 진퇴를 표시한다"라고 하였다. 즉, 戠자는 戈(창 과)에서 보듯이 창에 깃발을 달아 군사들의 진퇴를 표시한 것으로, 군사들이 이 표시를 보고 명령을 알 수 있게 되는 데서 '안다'(識)는 뜻을 갖게 된 글자이다. 이것이 戠을 識의 초문이라 한 이유이다. 職은 耳에 안다는 뜻의 戠를 더하여 귀(耳)로 듣고 '알아 기억하다', '기록하다'는 뜻을 나타냈고 이로부터 일을 기록하는 직분의 뜻으로 의미가 발전하였다 할 것이다. 職자의 의부는 耳자이다. 직분자는 위아래에서 전하는 말을 잘 들어야 함을 알 수 있다.

《소학》 명륜 2편이다. "아버지가 명령하여 부르시거든 예 하되 천천히 대답하지 않으며, 손에 일을 잡았으면 즉시 던지고, 밥이 입에 있으면 곧 토하고, 달려가되 종종걸음으로 가지 말라"고 하였다. 부모가 부를 때는 모든 일을 내려 놓고 달려가라 함이다. 달리 말하면 공적인 일에 사적인 일을 앞세우지 말라는 것으로도 볼 수 있다.

> "형제들아 나는 아직 내가 잡은 줄로 여기지 아니하고 오직 한 일 즉 뒤에 있는 것은 잊어버리고 앞에 있는 것을 잡으려고 푯대를 향하여 그리스도 예수 안에서 하나님이 위에서 부르신 부름의 상을 위하여 달려가노라"(빌 3:13-14).

진(盡) : 그릇을 비우기까지 다한 것이다.

盡은 '다할 진'자이다. 聿(율)+皿(명)의 회의자이다.《설문해자》는 "盡은 그릇의 가운데가 빈 것이다. 皿을 따르고, 㶳(신)은 소리이다"(盡, 器中空也. 从皿, 㶳聲)라고 하였다. 㶳은 '땔나무 신', '불똥 신'자이다.《상용자해》는 "회의자이다. 聿, 皿, 灬(물방울)가 조합된 글자이다. 聿은 손에 작은 나무막대기를 잡은 형태이다. 盡은 물이 있는 대야 가운데를 손에 잡은 막대기로 씻는 뜻을 나타낸다. 힘을 다해 철저히 깨끗이 씻는다는 뜻이다"라고 하였다.《세설한자》는 "갑골문의 오른쪽 위는 오른손으로 손 가운데 수세미 하나를 잡은 것이고, 아래는 식기로서 식기를 물로 씻는 뜻을 나타낸다. 물로 씻어 깨끗한, 즉 다하다(盡)는 뜻이 된다"라고 하였다.

《설문해자계전》은 "㶳은 불에 탄 나머지이다. 火를 따르고, 聿은 소리이다. 일설에 땔나무이다. 신개 가로되 盡자는 이를 따른다. 이제 俗(속)에 燼(신)으로 쓰는 바이다"라고 하였다. 盡에 대한 견해는《설문해자》는 그릇에 물건이 없이 비었으니 다하였다는 뜻으로,《상용자해》와 《세설한자》는 그릇의 음식이 다하고 그릇을 씻으니 다하였다는 뜻으로, 《설문해자계전》은 불에 타고 남은 것이 많지 않으니 다하였다는 뜻으로 보았다. 해석의 차이는 盡자에 있는 灬자를 물방울로 보는 입장과 불(火)로 보는 입장의 차이가 될 것이다. 물로 씻든, 불로 태우든 남은 것이 없이 다하였다는 것이 盡자의 원뜻이 되겠다. 사람이 마지막으로 할 수 있는 것이 생명 외에 무엇이 있을 것인가?

춘추시대에 진(晉)나라에 예양(豫讓)이라는 사람이 있었다. 예양이 섬기던 지백이 조양자와의 전투에서 패하고 죽게 되자, 예양은 주군의 원수를 갚고자 한다. 예양이 말한다. "선비는 자기를 알아주는 사람을 위하여 죽고, 여자는 자기를 좋아하는 사람을 위하여 얼굴을 다듬는다"(士爲知己者死, 女爲說己者容, 《사기열전》, 자객열전)라고 하였다. 《맹자》 고자장구 상에는 "사는 것도 내가 원하는 것이요, 의도 내가 원하는 것이다. 두 가지를 겸하여 얻을 수 없다면 사는 것을 버리고 의를 취하는 것이다"라고 하였다.

> "의인을 위하여 죽는 자가 쉽지 않고 선인을 위하여 용감히 죽는 자가 혹 있거니와 우리가 아직 죄인 되었을 때에 그리스도께서 우리를 위하여 죽으심으로 하나님께서 우리에 대한 자기의 사랑을 확증하셨느니라"(롬 5:7-8).

주인을 위하여 죽기도 하고, 의를 위하여 죽기도 하나, 죄인을 위하여 죽으신 이가 있다.

질(秩) : 곡식 단을 차례대로 쌓는 데서 질서의 뜻으로 발전하였다.

秩자는 '차례 질'로 禾+失(음)의 형성자이다.《설문해자》는 "秩은 곡식을 쌓은 것이다. 禾(화)를 따르고 失(실)은 소리이다. 시에 가로되 '쌓은 것이 많다'라고 하였다."(秩, 積也. 从禾, 失聲. 詩曰稽之秩秩)라고 기록한다.《상용자해》는 "형성자이다. 성부는 失이다. 秩은 帙(질), 紩(질)의 소리이다.《설문》에서 '쌓은 모양이다. 시경, 주송, 양사(삼가시)에서 쌓은 것이 많다'라고 한다 한 것은 秩의 뜻이 쌓다, 순서, 배열, 순열이 됨을 볼 수 있다. 정렬(整列)과 순서의 뜻에서 질서와 같은 류의 어휘로 파생하였다"라고 하였다. 秩은 禾+失이다. 失은 '잃을 실'이다.《설문해자》는 "失은 버리는 것이다. 手를 따르고 乙은 소리이다"(失縱也. 从手, 乙聲)라고 하였다.《한자원류자전》은 "失은 회의자이다. 금문은 手를 따르고 물건이 손 안에서 미끄러져 떨어지는 형상을 본떴다"라고 하였다.《정중형음의종합대자전》은 "乙을 사용하여 '빼어내다'는 하나의 뜻을 가졌다. 빼어내고 거두어들인즉 失이다"라고 하였다.

《설문해자》는 "乙은 봄에 초목이 힘들게 굽어져 나오는 것을 본떴다"(乙象春艸木冤曲而出)라고 하였다. 즉, 乙은 봄에 초목이 땅 위로 빼어 올라오는 모습을 본뜬 글자이다. 失은 手+乙이다. 손(手)으로 무엇을 빼어내는(乙) 형상이다. 失은 대개 버린다는 뜻으로 사용된다. 그러나 失에는 빼어내고 거둔다는 뜻도 있다. 秩은 禾+失이다. 秩자의 구성을 벼(禾)를 거두는(失) 것으로 볼 수 있다. 秩자는 곡식 단을 거두어 차례대로 쌓는 데서 순서, 질서 등의 뜻으로 발전한 글자이다. 곡식 단을 쌓는 것같이 모든 일에는 선후가 있다.

《소학》 경신 제3이다. "군자는 음식을 먹되 배부른 것을 구함이 없고, 거처(居處)에 평안한 것을 구함이 없고, 일에 민첩하되 말을 삼가고, 도(道)가 있는 사람에게 나아가 바르게 하면 가히 학문을 좋아한다고 말할 수 있다"라고 하였다. 《격몽요결》 제례장에는 "혹 수재(水災), 화재(火災), 도둑을 당하면 먼저 사당을 구출하여 신주(神主)와 유서(遺書)를 옮기고, 다음에 제기를 옮기고, 그런 다음에 집 안의 재물을 옮기라"고 하였다.

다윗이 사울 왕을 피하여 모압 땅에 있을 때 "선지자 갓이 다윗에게 이르되 너는 이 요새에 있지 말고 떠나 유다 땅으로 들어가라 다윗이 떠나 헤렛 수풀에 이르니라"(삼상 22:5)고 하였다. 다윗은 자신과 가족의 안위보다 하나님의 말씀을 먼저 앞세운 사람이었다.

"너희는 먼저 그의 나라와 그의 의를 구하라 그리하면 이 모든 것을 너희에게 더하시리라"(마 6:33).

참(參) : 가을의 시작을 알리는 별이다.

參자는 '참여할 참', '석 삼'으로 머리 위의 세 별을 나타내는 지사자이다. 《설문해자》는 "曑(삼)과 商(상)은 별의 이름이다. 晶(정)을 따르고 㐱(진)은 소리이다. 曑(삼)은 曑의 이체자이며 曑의 생략형이다"(曑, 商, 星也. 从晶, 㐱聲. 參 曑或省)라고 하였다. 曑은 參의 본자이다. 《중문대사전》은 參商에 대하여 "參星과 商星이다. 參星은 서방에 거하고, 商星 즉 辰星은 동방에 거하여 출몰에 둘이 서로 보지를 못한다. 이에 사람이 서로 만나지 못함을 비유한다"라고 하였다. 參星은 오리온자리 중심의 세 개의 별이다. 가을에서 겨울철에 나타나는 별자리이다. 商星은 心星이라고도 하며, 전갈자리의 안타레스 별이다. 동방청룡으로도 불려 龍의 간지를 따라 진성이라고도 한다. 봄에서 여름에 나타나는 별자리이다. 그러므로 參星과 商星은 밤하늘에 함께 나타나지 못한다.

《세설한자》는 參을 "갑골문의 형태는 하부는 사람의 형상으로 사람 위에 세 개의 별이 높이 비추는 것을 표시한다. 금문의 형태는 별의 좌하방에 彡(삼)이 있어 별빛을 표시한다"라고 하였다. 《상용자해》는 "參은 회의자이다. 厽(루)와 今(진)을 조합한 형태이다. 厽는 3개의 비녀를 가운데 모아 머리에 꽂은 형태이다. 今은 무릎을 꿇고 있는 사람을 옆에서 본 형상으로, 비녀의 구슬이 빛나는 것을 나타낸 彡(삼)을 더하고 있는 형태이다. 비녀가 3개인 데서 參이 三의 뜻이 되었다.…參詣(참예)는 절이나 사당에 참배하는 것을 가리킨다"라고 하였다. 《한자원류정해자전》은 "제후가 타는 네 마리 말이 끄는 수레를 乘輿(승여)라 하고, 대부가 타는 세 마리 말이 끄는 수레를 參輿(참여)라 한다. 또는 수레를 탄 세 사람을 參乘(참승)이라 하며 수레의 오른쪽에 모셔 함께 탄 사람을 표시하기도 한다. 이로부터 참가하다는 뜻으로 사용되었다"라고 하였다. 參은 세 개의 별과 무릎을 꿇은 사람의 형상으로, 參자가 참여의 뜻을 갖는 것은 가차로 본다. 參은 가을을 알리는 세 개의 별이다.

《장자》 거협편은 도적의 두목이 지킬 다섯 가지 도리를 말한다. "방 안에 감춘 것을 아는 것이 聖이고, 들어갈 때 앞장서는 것이 勇이고, 나올 때 맨 뒤에 서는 것이 義이고, 일의 可否를 아는 것이 知이고, 분배를 고르게 하는 것이 仁이다"라고 하였다. 일을 함에 앞에 서는 것이 진정한 참여이다.

"빌립보 사람들아 너희도 알거니와 복음의 시초에 내가 마게도냐를 떠날 때에 주고받는 내 일에 참여한 교회가 너희 외에 아무도 없었느니라"(빌 4:15).

처(處) : 안석에 앉아 쉬는 것이다.

　處자는 '곳(장소) 처', '머무를 처', '돌아갈 처'로 処+虍의 형성자 혹은 虍+几의 회의자로 본다. 《설문해자》는 "処(처)는 머무름이다. 안석을 얻어 머무름이다. 几(궤)를 따르고 夂(치)를 따른다. 處는 処의 혹체(이체자)이다. 虍(호)는 소리이다"(処, 止也. 得几而止. 从几, 从夂. 處, 処或. 从虍聲)라고 하였다. 處와 処는 같은 자이다. 几는 '안석 궤'이며, 안석(案席)은 앉아서 몸을 기대는 기구로서, 상(床)으로 보기도 하고, 앉아서 팔을 얹어 기대는 궤상(几床)으로 보기도 한다.

　《상용자해》는 "處는 회의자이다. 虍(호)와 几를 조합한 형태이다. 虎가 几 위에 앉아 있는 형상이다. 虍는 몸에 호랑이 가죽을 입은 사람이다. 전쟁을 시작하기 전에 이 사람에게 호랑이 가죽을 입히고 神에 대한 제사 의식을 모방한 戱劇(희극)을 하면서 전쟁의 승리를 기도하는데, 의식의 사람을 几 위에 앉히고 행한다. 이렇게 분장하고 위풍 있고 늠름하게 几 위에 앉아 있는 사람을 處라고 일컫는다"라고 하였다. 《세설한자》는 "한 마리 호랑이가 걸터앉은 형태를 본떴다. 아래 우변의 几는 호랑이 다리의 변형이다"라고 하고,《한자원류정해자전》은 "금문은 사람이 머리에 가죽 모자를 쓰고 几 위에 앉아 있는 것을 본뜬 형상이다"라고 하였다. 處를 虎와 几의 조합으로 보는 것은 금문을 보면 이해할 수 있다. 虎를 호랑이로 보기도 하고, 의식을 위해 호랑이 가죽의 모자나 옷을 입은 사람으로 보기도 한다. 공통적인 것은 호랑이든, 호랑이 가죽을 입은 사람이든 앉아 있다는 것이다. 앉음으로써 걷지 않고 머물렀다는 뜻이 處의 본뜻으로,《설문해자》가 "處는 머무름이다" 하는 것과 연결 지을 수 있다. 處는 사람이 几에 앉아 잠시 쉬는 것이다.

한편 處는 밖에서 활동하지 않고 집 안에 들어가 쉬는 것을 뜻하기도 한다. 시집가지 않은 여자를 처녀(處女)라 하고, 선비가 벼슬하지 않고 재야에 있으면 처사(處士)라 한다. 처서(處暑)는 입추와 백로 사이에 있는 절기이다. 처서는 '곳 처(處)', '더위 서(暑)'로, 문자적 뜻은 더위가 집으로 돌아가 쉬는 때라는 말이다. 처서로부터는 서늘한 바람이 불며 더위가 물러간다.

> "내 아버지 집에 거할 곳이 많도다 그렇지 않으면 너희에게 일렀으리라 내가 너희를 위하여 거처를 예비하러 가노니 가서 너희를 위하여 거처를 예비하면 내가 다시 와서 너희를 내게로 영접하여 나 있는 곳에 너희도 있게 하리라"(요 14:2-3).

척(拓)

篆文

척(拓) : 막힌 돌을 밀어내고 지경을 넓히는 것이다.

拓은 '넓힐 척', '주울 척', '꺾을 척', '밀 탁', '박을 탁'자로 扌(手)+石(음)의 형성자이다. 《설문해자》는 "拓은 줍는 것이다. 陳(진)과 宋(송) 지방의 방언이다. 手를 따르고 石은 소리이다. 摭(척)은 拓의 이체자이다. 庶(서)의 소리를 따른다"(拓, 拾也. 陳宋語. 从手, 石聲. 摭, 拓或. 从庶)라고 하였다. 《상용자해》는 "拓은 형성자로 성부는 石이다. 石은 宕(탕) 또는 妬(투)의 소리이다. 《설문》은 '拓은 줍는 것이다' 하고 또한 이체자로 摭(척)을 들고 있다. 摭의 성부는 庶이다. 庶는 蹠(척)과 같은 소리이다. 庶는 부뚜막 위에서 냄비를 사용하여 요리하는 형태를 나타낸다. 摭은 당연히 냄비 가운데의 물건을 줍는다는 뜻을 나타낸다. 후에 확장하다, 개척하다 등을 나타내게 되었다. 拓은 밀어서 연다는 뜻이 있다. 또한 拓本(탁본)이 나타내는 바 拓은 박아서 두드린다는 뜻이 있다"라고 하였다. 《정중형음의종합대자전》은 拓에 대하여 "손으로 물건을 미는 것이다. 곧 밀어서 넓게 한다는 뜻이다. 또는 집에 통행에 장애가 되는 돌이 있어서 밀어서 제거하는 것이다"라고 하였다. 拓은 扌와 石으로 된 글자로서 개간지(開墾地)에서 손으로 돌을 줍거나, 가로막힌 돌과 같은 장애물을 밀어내고 지경을 넓힌다는 뜻을 가진 글자이다.

이어령 씨의 《축소지향의 일본인》이라는 책이 있다. 이 책은 미국의 특성으로 《허클베리 핀의 모험》, 일본의 특성으로 《도로코》를 들어, 서로 비교하고 있다. '도로코'는 철로 위를 밀고 다니는 차이다. 여덟 살짜리 료우헤이는 공사장에서 흙을 운반하는 도로코를 보고 호기심에 타게 된다. 도로코는 마을을 벗어나 집에서 먼 곳에 와서 멈추는데, 함께 탔던 어른들은 도로코에서 내리면서 자기들은 돌아가지 않을 테니 혼자서 집으로 가라 말하고는 가버린다. 혼자가 된 료우헤이는 혼자 힘으로는 도로코를 움직일 수 없으니 늦은 시간에 집으로 뛰어가는데, 집에 들어가면서 료우헤이는 울고 만다는 이야기이다. 이어령 씨의 설명이다. "료우헤이는 울면서 집으로 돌아오지만 허클베리는 울지 않았고 또다시 탈출과 모험을 생각한다"라고 하였다(이어령, 《축소지향의 일본인》, 서울: 갑인출판사, 1982, 324-326쪽). 실패에도 다시 모험을 생각하는 허클베리는 미국의 정신이고, 기독교의 정신이다. 拓은 가로막힌 돌을 밀어내고 지경을 넓히는 것이다.

"믿음으로 아브라함은 부르심을 받았을 때에 순종하여 장래의 유업으로 받을 땅에 나아갈새 갈 바를 알지 못하고 나아갔으며"(히 11:8).

최(最) : 최선은 목숨을 다한 것이다.

最는 '가장 최'자로 冃(모)+取(취)의 회의자이다. 그리고 取자는 다시 耳+又로 나눌 수 있다. 冃는 '(두)건 모'로 모자를 뜻한다. 《설문해자》에서는 "最는 침범하여 빼앗는 것이다. 冃와 取를 따른다"(最犯而取也. 从冃取)라고 하였다. 《설문해자구두》에서는 원문의 "犯而取也"(범이취야)를 "무릅쓰고 나아가는 것과 같다. 冡(몽)과 犯은 모두 冃를 가리켜 말한다. 곧 무릅쓰고 나아감, 무릅쓰고 침범하는 것을 이른다"(犯而取也. 猶冡而前也. 冡犯皆指冒而言, 乃冒突, 冒犯之謂也)라고 하며 犯을 冒(모)로 해석하고 있다. 남의 것을 침범하여 빼앗을 때는 무릅쓰고 할 것이다.

最자를 다시 살펴보면 冃+耳+又이다. 冃는 모자이고, 耳는 귀, 又는 손이다. 즉, 모자 아래의 귀에 손을 대는 것이다. 고대 전쟁터에서 군인이 적과 싸워 이기면, 그 표로 상대방의 왼쪽 귀를 베어 갖게 되고, 귀를 벤 수에 따라 상을 받게 된다. 일본에는 임진왜란 때 일본군이 조선 사람의 귀와 코를 베어가 만든 귀 무덤, 코 무덤이 지금도 남아 있다. 즉, 전쟁터에서 죽기를 각오하고 싸우는 군인의 모습이 最자에 담겨 있다.

'간어제초'(間於齊楚)라는 사자성어가 있다. 《맹자》 양혜왕장구 하에 있는 고사이다. 전국시대에 오늘날의 산동성(滕州市) 인근에는 滕(등)이라는 작은 제후국이 있었다. 위로는 齊나라, 아래에는 楚나라의 두 강대국 사이에 끼인 滕나라는 나라를 지탱하는 일이 힘들었다. 등나라 문공이 맹자에게 물었다. "등은 작은 나라인데 제나라와 초나라 사이에 있으니 제나라를 섬길 것입니까, 초나라를 섬길 것입니까?" 이에 맹자가 대답한다. "이러한 계책은 내가 능히 미칠 바가 아닙니다. 부득이한즉 하나가 있는데, 못(垓字)을 깊이 파고, 성을 높이 쌓고, 백성과 더불어 지키되 죽기까지 하고 백성이 떠나가 버리지 아니한즉 가히 할 만합니다"(是謀, 非吾所能及也. 無已則有一焉. 鑿斯池也. 築斯城也. 與民守之. 效死而民不去. 則是可爲也)라고 하였다. 백성과 더불어 전쟁을 준비하고 죽기로 싸우면 작은 나라이지만 나라를 지킬 수 있다는 맹자의 충고이다.

> "누구든지 자기 목숨을 구원하고자 하면 잃을 것이요 누구든지 나와 복음을 위하여 자기 목숨을 잃으면 구원하리라"(막 8:35).

예루살렘을 향하여 올라가는 사도 바울은 "나는 주 예수의 이름을 위하여 결박당할 뿐 아니라 예루살렘에서 죽을 것도 각오하였노라"(행 21:13)고 증거한다. 복음을 위하여 죽기까지 최선을 다한 사도 바울이다.

측(惻) : 제사용 솥에 있는 음식을 나누는 마음이다.

惻 자는 '슬퍼할 측'으로 忄(心)+則(음)의 형성자이다.《설문해자》는 "惻은 마음이 아픈 것이다. 心을 따르고 則(칙)은 소리이다"(惻, 痛也. 从心, 則聲)라고 하였다. 또한 則에 대하여 "則은 등급에 따라 물체를 구별한 것이다. 刀를 따르고 貝를 따른다. 貝는 고대의 화폐이다. 𠟭는 고문의 則자이다. 𠟭 또한 고문의 則자이다. 𠟭은 전문의 則자이다. 鼎(정)을 따른다"라고 하였다. 鼎은 '솥 정'자이다.《설문해자금석》은 "고문의 則자는 모두 鼎을 따라 쓴다. 貝를 따르는 것은 후에 변화된 것이다", "이것은 대개 칼로 솥(鼎) 가운데의 물건을 구분하여 먹을 사람에게 분배하는 뜻이다. 구분하여 분배하는 때에 장유귀천에 등급이 있다"라고 하였다.

《상용자해》는 "則은 회의자이다. 原字는 𠟭이다. 鼎과 刀를 조합한 글자이다. 鼎의 측면에 刀를 더하여 鼎의 위에 새긴 銘文(명문)을 뜻한다. 중요한 계약을 鼎 위에 새겨 기록을 보존한다.…계약을 지켜 행하려면 일종의 규칙을 이루게 된다. 그러므로 則은 법칙의 뜻을 갖게 된다"라고 하였다. 則에 대한 설명을 정리하면, 則의 본자는 𠛩이다. 즉, 鼎과 刂를 합한 자이다. 鼎은 제사에 사용되는 솥이다. 𠛩의 해석은, 하나는 제사용 솥에 칼로 새긴 계약으로 계약을 이행하는 데서 규칙이 따르며 이로부터 則이 규칙의 뜻을 갖게 되었다는 것이다. 다른 하나는 제사용 솥에 담긴 음식을 칼로 베어 사람들에게 나누어 주는 데서 장유귀천에 따른 등급이 있다는 것이다. 음식을 나누어 줄 때는 장유의 구별도 있을 것이지만, 가난한 자나 어린 자에 대한 불쌍히 여기는 마음도 있었을 것이다. 이로부터 心에 則을 더하여 '슬퍼하다', '불쌍하다'는 뜻을 갖게 되었다 할 것이다. 간장촌단(肝腸寸斷)이라 한다. 간과 장이 마디마디 끊어졌다는 말이다.

동진의 환온(312~373)이 함선을 이끌고 사천으로 가면서 삼협을 지날 때 한 병사가 어린 원숭이를 붙잡았다. 그러자 어미 원숭이가 울면서 배를 쫓아 백 리를 오다 마침내 배 안으로 떨어져 죽었는데, 그 배를 갈라 보니 장이 마디마디 끊어져 있었다. 이에 환온이 그 병사를 배에서 내쫓았다《세설신어》출면 28). 비록 짐승이지만 그 아픔을 헤아리지 못한 병사의 몰인정을 책망한 것이다. 惻은 솥의 음식을 칼로 베어 나누어 주는 마음이다.

"서로 친절하게 하며 불쌍히 여기며 서로 용서하기를 하나님이 그리스도 안에서 너희를 용서하심과 같이 하라"(엡 4:32).

치(恥) : 부끄러움은 귀를 붉게 한다.

恥자는 '부끄러울 치'로 心+耳(음)의 형성자이다. 《설문해자》에서는 "恥는 욕(辱)됨이다. 心을 따르고 耳는 聲이다"(恥, 辱也. 从心, 耳聲)라고 하였다. 《상용자해》는 "마음에 부끄러움을 느낄 때 제일 먼저 귀가 붉어지는 것으로 나타난다"라고 하였다. 부끄러움을 뜻하는 한자는 이 외에 '부끄러울 수(羞)', '욕될 욕(辱)'이 있다.

《설문해자》는 "羞는 나아가 드리는 것이다. 羊과 丑(축)을 따른다. 羊은 나아가는 바이다. 丑 또한 소리이다"(羞, 進獻也. 从羊丑, 羊所進也. 丑亦聲)라고 하였다. 羞자의 丑은 손으로 무엇을 잡은 형상이다. 羞자의 새김은 '음식 수', '부끄러워할 수'로, 본래 뜻은 양고기와 같은 음식을 어른이나 신에게 드리는 것이다. 羞자가 '부끄럽다'는 뜻을 가진 것은 '부끄럽다'는 뜻을 나타내기 위하여 羞자를 빌려 쓴 것으로 羞자의 본뜻이 아니다. 辱자는 辰(진)+寸(촌)자로서 辰자는 때를 말하고, 寸자는 법도를 말한다. 고대에는 농부가 농사의 때를 놓쳐 수확을 못 하게 되면 나라의 법으로 처벌을 하였다. 법의 처벌을 받는 것이 부끄러운 일이라는 것이다. 《왕력고한어자전》에서는 恥는 명성에 손해를 입은 것으로, 辱은 몸과 마음에 손해를 입은 것으로 설명하고 있다. 辱이 법의 처벌을 받는 것과 관계된 것임을 생각하면 이해가 되는 설명이다.

사람이 부끄러움을 느끼는 이유는 여럿일 것이다. 유방을 도와 한나라를 세운 한신이 여후의 계략에 빠져 죽게 되었을 때 "아녀자의 속임수에 떨어졌으니 어찌 하늘의 뜻이 아니리오" 하며 후회하였다. 또한 성경 사사기의 아비멜렉은 여인이 던진 맷돌에 맞아 죽게 되었을 때 "사람들이 나를 가리켜 이르기를 여자가 그를 죽였다 할까 하노라"(삿 9:53) 하면서 부하에게 칼로 자기를 찌르기를 청하여 부하의 칼에 죽게 된다. 연유야 어떠하든 부끄러움을 아는 사람들이다. 《논어》 헌문편에는 "군자는 자기의 말이 행동보다 지나친 것을 부끄러워한다"라고 하고, 앞서 언급했듯 《상용자해》는 마음의 부끄러움은 먼저 귀가 붉어진다 하였는데, 귀가 붉어지는 것은 부끄러움을 아는 것이다.

> "그들이 가증한 일을 행할 때에 부끄러워하였느냐 아니라 조금도 부끄러워하지 않을 뿐 아니라 얼굴도 붉어지지 아니하였느니라 그러므로 그들이 엎드러질 자와 함께 엎드러질 것이라 내가 그들을 벌할 때에 그들이 거꾸러지리라 여호와의 말씀이니라"(렘 8:12).

부끄러움을 모르고 얼굴이 뻔뻔한 사람들을 가리켜 '철면피'(鐵面皮)라고 한다.

탐(貪) : 재물에 집착하는 것이다.

貪은 '탐할 탐'자로 貝+今(음)의 형성자이다.《설문해자》는 "貪은 재물에 대한 욕심이다. 貝(패)를 따르고, 今(금)은 소리이다"(貪, 欲物也. 从貝, 今聲)라고 하였다.《설문해자》는 "今은 '이때'이다. 亼(집)을 따르고 ㄟ(급)을 따른다. ㄟ은 고문의 及(급)이다"(今, 是時也. 从亼从ㄟ. ㄟ, 古文及)라고 하였다. ㄟ을 '흐를 이(ㄟ)'로 보기도 하는데,《설문해자》에서 及의 고문이라 하여 'ㄟ(급)'으로 하였다.《설문해자》는 今을 '모을 집(亼)'에 '미칠 급(及)'자의 합자로 보았다. 그래서 今자를 세월이 모여 지금에 이른 것으로 해석하기도 한다.《강희자전》은 "亼은 고문의 集자이다"라고 하였다.《석명》에서는 "貪은 찾는 것이다. 다른 사람의 몫을 찾아 갖는 것이다"(貪, 探也. 探取人他分也)라고 하였다.《설문해자금석》은 "내 몫이 아닌 것까지 남몰래 깊이 들어가 재물을 약탈하는 것이다"라고 하였다. 貪자를 파자하면 亼(集)+ㄟ(及)+貝이다. 모으는 것이 재물에 이르렀다는 것이다. 貪은 재물에 대한 욕심으로 남의 것까지 모아 갖는 것으로 볼 수 있다.

그 외에 스을 口로 해석하기도 한다.《한자원류자전》은 "今의 갑골문은 아래로 향하여 혀를 편 입의 형상을 본뜬 것이다"라고 하였고,《설문해자금석》은 "今의 금문은 含의 고문이다. 스은 口자를 뒤집은 것으로 口자이다. 今은 물건을 입에 머금고 있는 것을 본떴다. 含은 토하지도 않고 먹지도 않아 머물러 나아가지 않는 모양이다. 今의 '이때'의 뜻은 머물러 나아가지 않는 것에서 파생된 뜻이다"라고 하였다. 今은 입에 음식을 머금고 삼키지도 않고 뱉지도 않는 정지된 상태이다. 시간으로는 현재의 시점이고, 상태로는 붙잡고 놓지 않는 집착이라 할 것이다. 그런즉 貝에 今을 더하였으니 貪은 재물에 대한 집착이라 할 수 있다.

《열자》설부편의 이야기이다. 제나라 사람이 금(金)이 욕심이 나서 아침에 시장의 금방에 가서 금을 훔쳤다. 관리가 그를 붙잡아 물었다. "사람들이 모두 있는데 그대가 금을 훔친 것은 어째서인가?" 그가 대답하기를 "금을 훔칠 때 다른 사람은 보이지 않고 다만 금만 보였습니다"(取金之時, 不見人, 徒見金)라고 하였다. 사람이 한 가지 일에 집착하면 다른 것은 보이지 않을 것이다. 집착을 피하는 길은 자신의 타고난 분복(分福)을 알아 자족하는 데 있다 할 것이다.

"사람마다 먹고 마시는 것과 수고함으로 낙을 누리는 그것이 하나님의 선물인 줄도 또한 알았도다"(전 3:13).

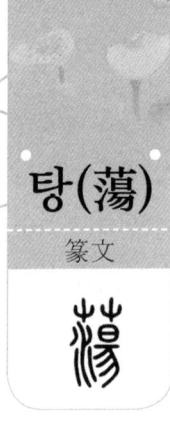

탕(蕩)
篆文

탕(蕩) : 물로 씻을 때 그릇이 흔들리는 것이다.

蕩자는 '쓸어버릴 탕', '움직일 탕, 방자할 탕' 등으로 새기는 글자로서 ⁺⁺⁺湯 혹은 氵+募의 형성자이다. 《설문해자》는 "蕩은 물 이름이다. 하내군 탕음현에서 흘러나와 동으로 향해 내황 지방의 내와 못으로 흘러 들어간다. 水를 따르고, 募(탕)은 소리이다"(蕩, 水. 出河內蕩陰, 東入黃澤, 从水, 募聲)라고 하였다. 탕음현과 내황은 지금의 하남성 북부의 지명으로 《설문해자》는 蕩자를 탕음과 내황을 잇는 물길의 이름으로 보았다. 募은 '자리공 탕'으로 자리공풀을 말한다. 蕩자는 ⁺⁺⁺湯(탕)이다. 湯은 '끓일 탕'자로 '끓는 물'의 뜻이다. 《한자해형석의자전》은 "湯은 氵를 따르고 昜(양)은 소리이다. 昜은 태양이 하늘에 떠 있는 형태를 본뜬 것으로 햇빛이다. 昜은 陽(볕 양)의 본자이다. 햇빛을 비추어 물을 따뜻하게 하는 것이다. 盪은 皿(그릇 명)을 따르고 湯은 소리이다. 끓는 물로 그릇을 씻어 내는 것이다"라고 하였다. 昜은 햇볕을 뜻한다.

《설문통훈정성》에서는 "㑒(음)자는 구름이 나타나 해를 볼 수 없는 것이다. 昜자는 구름이 걷히면서 해가 나타나는 것이다. 日을 따른다. 一자는 구름이 가린 형상이다. 勿자는 깃발이 펼쳐진 형상이다"라고 하였다. 즉, 해를 가린 구름이 바람에 걷히면서 해가 나타나는 것이 昜자의 뜻이다. 나아가 湯자는 氵(水)에 昜(陽)을 더하여 햇빛에 더워진 더운 물 또는 끓는 물을 뜻한다. 《한자원류자전》은 湯에 搖動(요동)의 뜻을 더하였다. 끓는 물은 물이 그릇 안에서 요동을 한다. 蕩자는 ⁺⁺에 요동의 뜻을 갖는 湯을 더하여 풀잎이 흔들리는 모양을 나타냈다. 蕩 또한 요동의 뜻이 있다. 나아가 흔들리는 모습에서 방탕의 뜻을 갖게 된 것이다.

한편 단옥재의 주석은 "蕩은 盪(탕)의 가차이다"라고 하였다. 蕩자를 빌려 盪의 뜻으로 사용한 것이다. 즉, 蕩의 뜻은 盪에서도 찾을 수 있다. 盪자는 '씻을 탕', '움직일 탕'자이다. 《설문해자》는 "盪은 그릇을 씻는 것이다. 皿(명)을 따르고 湯은 소리이다"라고 하였다. 《한자원류정해자전》은 "그릇을 씻을 때는 흔들리기 마련이다. 그러므로 파생하여 '흔들리다', '구속받지 않다', '방종'의 뜻을 가지게 된다"라고 하였다. 《대학》은 "군자는 그 홀로 있음에 반드시 삼가나, 소인은 한거함에 선하지 못한 일을 하되 이르지 못할 바가 없다"라고 하였다. 한거함은 홀로 있음이다.

"그들이 감각 없는 자가 되어 자신을 방탕에 방임하여 모든 더러운 것을 욕심으로 행하되 오직 너희는 그리스도를 그같이 배우지 아니하였느니라"(엡 4:19-20).

택(擇) : 눈으로 살피고 손으로 잡는 것이다.

擇은 '가릴 택'자이다. 扌(手)+睪(음)의 형성자이다. 《설문해자》는 "擇은 가려 선택함이다. 手를 따르고 睪(역)은 소리이다"(擇, 柬選也. 从手, 睪聲)라고 하였다. 《한자해형석의자전》은 "擇은 手를 따르며 睪은 소리이다. 睪은 눈으로 범죄를 감시하는 것이다. 擇은 눈으로 정결한 것을 살펴 손으로 선택하는 것이다"라고 하였다.

한편 睪자는 '엿볼 역'자이다. 《설문해자》는 "睪은 눈으로 보는 것이다. 目자를 가로로 놓은 것을 따르며 㚔(녑)을 따른다. 사람으로 하여금 죄인을 살펴 잡게 하는 것을 말한다"라고 하였다. 《왕력고한어자전》은 "㚔은 幸의 고자이다"라고 하였다. 㚔(녑)자에 대하여 《설문해자》는 "㚔은 사람을 놀라게 하는 형구(刑具)이다. 大를 따르고 㐬(임)을 따른다. 일설에 큰 소리이다. 무릇 㚔에 속한 것은 모두 㚔을 따른다. 일설에 瓠(호)와 같이 읽는다. 속어(俗語)에 도둑질을 멈추지 않으므로 형구로 채우는 것을 말한다. 㚔의 음은 籋(섭)과 같이 읽는다"라고 하였다. 단옥재 주석은 "㚔은 罪이다"라고 하였다. 㐬

은 '찌를 임'자이다. 《설문해자금석》은 幸을 죄인의 손목에 채우는 형구라 하며, 幸은 鐐의 本字라 하였다. 擇자는 손을 뜻하는 扌자와 눈을 뜻하는 目자와 죄인을 뜻하는 幸자로 구성되었다. 즉, 눈으로 죄인을 살펴 손으로 잡는다는 뜻에서 '고르다', '선택하다'는 뜻으로 발전한 것이다. 선악을 불문하고 사람이 사람을 살피는 일은 쉽지 않다. 《명심보감》 성심편은 "하늘은 잴 수 있고, 땅은 헤아릴 수 있거니와, 오직 사람의 마음은 가히 헤아릴 수 없다"(天可度而地可量, 唯有人心不可料)라고 하였다.

한편 "자식을 아는 데는 아버지 같은 이가 없고, 신하를 아는 데는 임금 같은 이가 없다"(知子莫若父, 知臣莫若君)라고 하였다. 이 말은 《관자》 대광편에는 포숙이 관중에게 하는 말로 나오고, 《한비자》 십과편에는 관중이 제나라 환공에게 하는 말로 나오는데 구절이 "知臣莫若君, 知子莫若父"로 바뀌어 있다. 천륜(天倫)이라 한다. 국어사전은 "부모와 자식 간에 하늘의 인연으로 정해져 있는 사회적 관계나 혈연적 관계"라 하였다(국립국어연구원, 《표준국어대사전》, 서울: 두산동아, 2004). 한 사람을 아는 데 부모보다 잘 아는 사람이 없을 것이다. 그러나 그에 앞서 하늘의 인연이 있다.

예레미야에게 하나님이 말씀하신다.

"내가 너를 모태에 짓기 전에 너를 알았고 네가 배에서 나오기 전에 너를 성별하였고 너를 여러 나라의 선지자로 세웠노라"(렘 1:5).

편(偏)

篆文

편(偏) : 외짝 문이 주는 교훈이다.

偏은 '치우칠 편'자로 人+扁(음)의 형성자이다.《설문해자》는 "偏은 삐뚤어진 것이다. 人을 따르고 扁(편)은 소리이다"(偏, 頗也. 从人, 扁聲)라고 하였다. 단옥재의 주석은 원문의 頗(파)에 대하여 "頗는 머리가 한쪽으로 편향된 것이다"(頗頭偏也)라고 하였다. 또한《설문해자》는 "扁은 글을 쓰는 것이다. 호(戶)와 책(冊)을 따른다. 戶冊은 집의 문에 글을 쓰는 것이다"(扁, 署也. 从戶冊. 戶冊者, 署門戶之文也)라고 하였다. 扁은 '납작할 편', '현판 편'으로 새기는 글자로, 나무판이나 죽간에 글을 쓰거나 그림을 그려 방이나 문 위에 걸어 놓은 편액(扁額)을 말한다.《상용자해》는 偏에 대하여 "偏은 형성자로 성부는 扁이다. 扁은 외짝 문의 형태를 나타낸다. 단면 혹은 한 개의 뜻이 있다"라고 하였다. 한자에서 戶는 외짝 문을, 門은 두짝 문을 말한다.《송본광운》에서는 "扁은 작은 배이다"(扁小舟)라고 하였다. 片舟, 扁舟는 같은 말이다.

《설문해자》는 扁을 편액으로 보면서 편액이 문의 한쪽에 치우친 것으로 보았다면,《상용자해》는 편액이 걸린 문이 외짝이라는 것에 주목하였다 할 것이다. 扁이 치우침의 뜻을 갖게 된 연유에 대하여는 여러 가지로 설명할 수 있다. 그러나 扁에 있는 戶자가 뜻하는 바 '외짝 문'으로부터 양쪽이 아닌 한쪽, 편향됐다, 작다는 뜻으로 발전한 것으로 보아야 할 것이다. 偏은 亻에 작고 편향되었다는 扁자를 더하였으니, 사람의 생각이나 행동이 편향되고 치우친 것을 나타내게 되었다 할 것이다.

《예기》공자한거편의 이야기이다. "하늘은 사사로이 만물을 덮어 기르는 일이 없고, 땅은 사사로이 만물을 실어 기르는 일이 없으며, 해와 달은 사사로이 세계를 비치는 일이 없으니, 이 세 가지를 섬기며 천하 백성을 위로하니, 이것을 세 가지 사사로움이 없는 것이라 일컫는다"(天無私覆, 地無私載, 日月無私照, 奉斯三者以勞天下, 此之謂三無私)라고 하였다.《명심보감》성심편은 "꽃은 피되 가난한 집의 땅을 가리지 않고, 달은 산하를 비추되 세간의 어느 곳이고 밝게 비친다"(花開不擇貧家地, 月照山河到處明世間)라고 하였다.

> "또 네 이웃을 사랑하고 네 원수를 미워하라 하였다는 것을 너희가 들었으나 나는 너희에게 이르노니 너희 원수를 사랑하며 너희를 박해하는 자를 위하여 기도하라 이같이 한즉 하늘에 계신 너희 아버지의 아들이 되리니 이는 하나님이 그 해를 악인과 선인에게 비추시며 비를 의로운 자와 불의한 자에게 내려 주심이라"(마 5:43-45).

하(夏) : 자라나게 하는 이는 하나님이시다.

夏자는 '여름 하'로 頁(혈)+臼(국)+夂(쇠)의 회의자로 본다. 臼은 '깍지낄 국'자로 臼의 '절구 구'자와는 구별된다. 《설문해자》에서는 "夏는 중국 사람이다. 夂를 따르고, 頁을 따르고, 臼을 따른다. 臼은 두 손을 나타내고, 夂는 두 발을 나타낸다"(夏, 中國之人也. 从夂, 从頁, 从臼. 臼兩手, 夂兩足也)라고 하였다.

《상용자해》에서는 "夏는 상형이다. 머리에 춤추는 모자를 쓰고, 두 소매를 펼치며 앞으로 걸어 나가는 춤추는 사람의 자세이다.…夏자가 '크다'는 뜻을 가지는 이유는, 대개 이러한 종류의 춤추는 사람은 용모가 크고, 체격이 크기 때문이다. 夏가 또 '중국'이라는 말로 사용되는데, 중국을 뜻하는 것은 중국 역사에 나타나는 '夏', '西夏' 등의 나라에 불과하다. 대개 서방의 나라 혹은 서방에서 흥기하는 나라이다. 이에 夏가 주로 서방의 민족을 가리키는 것으로 생각할 수 있다. 夏가 계절의 이름으로 사용되는 것은 춘추시기의 금문에서 처음 보이며, 아울러 고대의 용법은 아니다"라고 하였다. 여기서 춤추는 것은 기우제 등의 제사에서 제사 의식의 춤을 말한다. 《한자원류자전》은 夏자는 "한 손에 도끼를 잡은 장대한 무사의 모습이다"라고 하였다. 夏자의 전문은 상부는 머리(頁), 하부는 다리(夂), 가운데는 양손을 허리에 대고 있는(臼) 형상으로 해서에서는 臼자가 생략되었다.

한편 《중국자례》에서는 "옛 사람이 글자를 지을 때 춘하추동 네 시절의 글자는 그 시기에 가장 현저한 사물을 본뜬 것이다.…매미(蟬)를 빌려 夏로 하였다"라고 한다. 夏자는 키가 큰 사람의 모습으로 '크다'는 뜻을 갖는다. 이로부터 큰 나라 또는 만물이 자라는 계절인 여름의 뜻으로 발전한 것으로 추론할 수 있다. 《고문진보》에는 "종수곽탁타전"이 있다. 뜻은 나무를 심는 곽탁타라는 뜻이다. 탁타는 나무를 심는 것을 업으로 하는 사람으로, 탁타가 심은 나무는 죽지 않고 번성하였다. 탁타가 말한다. 나무를 심은 뒤에는 나무를 "움직이지 말고, 염려하지 말고, 가고는 다시 돌아보지 않는다.…곧 그 천성을 온전히 하여 그 성질을 얻을 것이다"(勿動勿慮, 去不復顧~則其天者全, 而其性得矣)라고 하였다. 즉, 염려함으로 심은 나무에 사람의 손을 대지 말고 천성에 맡기라는 것이다.

"나는 심었고 아볼로는 물을 주었으되 오직 하나님께서 자라나게 하셨나니 그런즉 심는 이나 물 주는 이는 아무것도 아니로되 오직 자라게 하시는 이는 하나님뿐이니라"(고전 3:6-7).

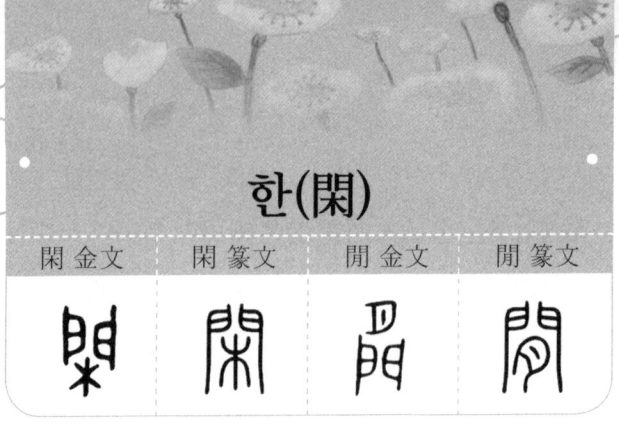

한(閑) : 문을 닫고 갖는 한가로움이다.

閑은 '한가할 한', '막을 한'자로 門+木의 회의자이다. 《설문해자》는 "閑은 문이 막힌 것이다. 문 가운데 나무가 있는 것을 따른다"(閑, 闌也. 从門中有木)라고 하였다. 또한 "閑은 闌(난)이다", "闌은 문이 막힌 것이다"(闌, 門遮也)라고 하였다. 闌자는 '막을 란', '난간 란'자로 집이나 계단, 다리 등의 가장자리에 안전을 위해 세운 울타리를 말한다. 그러나 《설문해자》가 閑을 설명하면서 闌이라 한 것은 문을 가로지른 나무 곧 목책(木柵)이다.

《한자해형석의자전》은 闌을 "문 앞에 가로 댄 나무"라고 하였다. 주차장 입구의 차량차단기와 비슷한 역할이다. 閑자는 문의 목책을 닫고 외부의 도적이나 짐승으로부터 집이나 가축의 우리를 방비한다는 것이 본뜻이고, '한가하다'는 뜻은 파생된 뜻으로 보아야 할 것이다. 閑에 대한 단옥재의 주석은 "파생하여 방비하고 제한하는 것이다. 고대에는 한가하다는 글자로 많이 가차하였다"라고 하였다. 문을 목책으로 막았으니 마음이 놓이고 한가할 수 있을 것이다. 한가하다는 뜻의 글자로 또한 閑(한)자가 있다. 閑자는 '틈 한', '한가할 한'자이다. 門+月의 회의자이다. 《설문해자》는 "閒은 문의 틈이다. 門을 따르고 月을 따른다"라고 하였다.

閒의 月에 대하여 《상용자해》는 "閒자는 곧 문 가운데 나타난 달빛이라는 학자가 있다. 그러나 이는 잘못된 견해이다. 금문에 나타난 閒자는 혹 문 위에 둔 祭肉(제육)의 형태를 나타낸다"라고 하였다. 그러나 閒자의 月은 달빛으로 보는 것이 일반적이다.

《설문해자계전》은 "대저 문은 마땅히 밤에 닫는다. 닫으나 달빛이 보이는 것은 한가한 틈이 있는 것이다"라고 하였다. 《한자원류정해자전》은 間(간)은 閒의 고대 속체라 하면서, 閒은 문 사이의 틈을 말하는 것에서 시간의 틈, 한가하다는 뜻으로 발전하였다고 하였다. 閑자는 문을 목책으로 닫으니 한가하다는 것이고, 閒자는 반쯤 닫힌 문틈으로 비추는 달빛이 한가하다는 것이다. 모두 문을 닫은 모습이다. 《논어》 양화편이다. "종일토록 배불리 먹고 마음을 쓸 데가 없다면 곤란하다. 쌍륙과 바둑도 있지 아니한가? 그것을 하는 것이 오히려 하지 않는 것보다는 낫다"라고 하였다. 일이 없으면 잡념이 생긴다. 잡념이 들지 않도록 마음의 문을 지킬 때 참된 한가로움이 있는 것은 아닐까?

> "그들이 평안하다, 안전하다 할 그때에 임신한 여자에게 해산의 고통이 이름과 같이 멸망이 갑자기 그들에게 이르리니 결코 피하지 못하리라"(살전 5:3).

향(鄕) : 나그네가 돌아갈 곳이다.

鄕은 '마을 향'자로 상형자로 보기도 하나,《설문해자》는 𨟒+皀(음)의 형성자로 보았다. 《설문해자》는 "鄕은 도성에서 멀리 떨어진 邑이다. 백성들이 모이며, 돌아가는 곳이다. 색부(嗇夫)가 구별하여 다스렸다. 도읍의 인근에 여섯 鄕이 있어, 고을의 장로가 다스렸다. 𨟒(항)을 따르고 皀(향)은 소리이다"(鄕, 國離邑, 民所封鄕也. 嗇夫別治. 封圻之內六鄕, 六鄕治之. 从𨟒, 皀聲)라고 하였다. 皀은 '향기로울 핍', '낟알 핍'자로 '급', '벽', '향'으로 발음되기도 한다. 《설문해자》는 "향"(讀若香)으로 읽었다. 색부는 秦, 漢 시대에 고을에서 소송, 세금, 치안을 담당하던 지방 관리이다.

《왕력고한어자전》은 "鄕은 본래 도읍지 근교의 백성의 취락구역이었으나, 후에 縣(현) 이하의 농촌 행정단위를 가리켰다"라고 하였다. 《상용자해》는 "皀와 卯(묘)의 조합으로 卯는 두 사람이 마주 앉은 형태이다. 皀은 곧 제물을 담는 殷(궤)이다. 제사 후 음식을 먹으면서 마주 앉은 두 사람의 사이에 殷를 놓아두면서 鄕의 형태를 이룬다. 鄕은 서로 向하는 뜻이다. 동시에 饗宴(향연)의 뜻이다. 饗宴에 참여하는 대신 등의 사람을 卿(경)이라 하며 卿의 소유지를 鄕이라 하였다"라고 하였다. 皀는 簋(궤)의 고자로, 제사 때 음식을 담는 그릇이다. 鄕을 지역의 행정단위 또는 제사 의례로 설명하고 있다. 그런데 鄕자의 갑골문의 형태에서 보듯이, 두 사람이 음식이 담긴 그릇을 놓고 마주하여 음식을 먹는 형태로 보는 것이 일반적이다. 그리고 제사에 참여하여 음식을 나눌 수 있는 사람이라면 고급관리일 것이고, 봉건 제도 아래 고급관리의 지방의 봉토를 鄕이라 일컫게 된 것으로 의미의 발전을 연결할 수 있다.

한편 鄕은 向의 뜻이 있다. 다만 바라만 볼까? 鄕은 농촌의 고을이다. 이에 들에서 하루의 일을 마친 농부가 저녁이면 돌아가는 곳으로, 《설문해자》의 백성들이 돌아가는 곳이라는 설명과 연결할 수도 있다. 고향은 나그네가 돌아갈 곳이고, 가족들이 모여 함께 식사를 하는 곳이다. 중국 고시에는 "북쪽 말은 북풍을 의지하고, 남쪽 월나라 새는 남쪽 가지에 집을 짓는다"(胡馬依北風, 越鳥巢南枝)라고 하였다.

> "그들이 나온 바 본향을 생각하였더라면 돌아갈 기회가 있었으려니와 그들이 이제는 더 나은 본향을 사모하니 곧 하늘에 있는 것이라 이러므로 하나님이 그들의 하나님이라 일컬음 받으심을 부끄러워하지 아니하시고 그들을 위하여 한 성을 예비하셨느니라"(히 11:15-16).

향(鄕)

허(虛) : 세상의 영화는 헛된 것이다.

虛는 '빌 허'자로 전문에서는 丘+虍(음)의 형성자이다. 《설문해자》는 "虛는 큰 언덕이다. 곤륜의 언덕을 곤륜허(崑崙虛)라고 일컬었다. 옛 시대에 성인 남자 아홉으로 井(정)을 이루고, 井 넷으로 邑(읍)을 이루고, 邑 넷으로 丘(구)를 이루었다. 丘를 일컬어 虛라 하였다. 丘를 따르고 虍(호)는 소리이다"(虛, 大丘也. 崑崙丘謂之崑崙虛. 古者九夫爲井, 四井爲邑, 四邑爲丘, 丘謂之虛, 从丘, 虍聲)라고 하였다. 《설문해자》는 虛를 큰 언덕(丘)이라 하는 한편 고대의 토지제도로 보았다. 《왕력고한어자전》 또한 井, 邑, 丘를 고대의 토지제도라 하였다.

《상용자해》는 "虛는 형성자이다. 성부는 虍이다. 그 하부는 원래 丘의 형태이다. 고대에는 항상 도시를 언덕 위에 건설하였다. 언덕 위의 건축물에는 묘지까지 아우르는 신성한 건축물들이 있다. 도성이 황폐하면 다만 건축물의 유적과 묘지가 남는데 '옛 폐허'라 불렀다. 虛는 墟(허)의 초문이다. 虛는 폐허의 뜻이 있다"라고 하였다. 墟는 '언덕 허', '옛터 허'자이다. 《한자원류자전》은 "옛 혈거(穴居) 시대의 버려진 동굴로 폐허이다"라고 하였다.

《각천신자원》은 "虛는 형성자이다. 旧字는 丘가 意符이고 虍가 聲符이다. 虍는 크다는 뜻이다. 원래는 신령이 강림하는 큰 언덕을 표시하였다. 墟의 원자이다. 가차하여 공허하다는 뜻으로 사용하였다"라고 하였다. 虛자가 虍+丘라는 것은 전문의 虛자와 丘자를 비교하면 이해할 수 있다. 虍자는 '범의문채 호'자로 호랑이의 줄무늬를 본뜬 글자이며, '크다'는 뜻이 원뜻으로 '비었다'는 뜻과는 바로 연결이 어렵지만 '비었다'는 뜻이 가차임을 생각하면 이해할 수 있다. 虛자는 丘에 크다는 뜻의 虍를 더하여 '큰 언덕'이 원뜻이나 후에 '비었다'는 뜻을 갖게 되었다. 虛는 옛 사람들이 살다 버려진 빈터를 말한다. 세상의 부귀영화가 그러하다.

《명심보감》 치가편에는 "혼인을 논함에 먼저 마땅히 그 사위와 며느리의 성품과 행실 및 가법(家法)이 어떠한가를 살피고 다만 그의 부귀를 탐내지 말라. 사위만 어질다면 지금은 비록 빈천할지라도 다른 때에 부귀하지 않을 것을 어떻게 알겠는가?"라고 하였고, 그러므로 말하기를 "시집가고 장가가는 데 재물을 말하는 것은 오랑캐의 일이다"라고 하였다.

> "내가 모태에서 알몸으로 나왔사온즉 또한 알몸이 그리로 돌아가올지라 주신 이도 여호와시요 거두신 이도 여호와시오니 여호와의 이름이 찬송을 받으실지니이다"(욥 1:21).

공수래공수거(空手來空手去)가 인생이다.

혜(慧)

篆文

혜(慧) : 빗자루로 마음의 잡념을 쓸어 버리다.

慧는 '슬기로울 혜'자로 心+彗(음)의 형성자이다.《설문해자》에서는 "慧는 총명함이다. 心을 따르고, 彗(혜)는 소리이다"(慧, 儇也. 从心, 彗聲)라고 하였다.《설문해자계전》에서는《설문해자》원문의 儇(현)을 설명하기를 "儇은 민첩함이다"라고 하였다.

한편 彗자에 대하여《자통》에서는 "彗는 별(星)의 빛을 말하는 글자로 희미하게 빛나는 물건을 말한다"라고 하였다.《설문해자》는 "彗는 대나무 빗자루로 청소하는 것이다. 손으로 빗자루를 잡은 것을 따른다"(彗, 掃竹也, 从又持牲)라고 하였다. 彗자의 전문(篆文)의 윗부분은 끝이 갈라진 대나무 빗자루를 본뜬 것으로 본다. 彗자는 자전에서 '비 혜', '살별 혜'로 새기는 글자로,《자통》의 해석과 같이 彗자를 별빛으로 해석할 수도 있다. 그러나《설문해자》와 같이 손으로 빗자루를 잡은 것으로 보는 해석이 일반적이다.《정중형음의종합대자전》에서는 慧자에 대하여 "사람이 능히 잡념을 소제한즉, 타고난 지능이 문득 나타나고 반응이 민첩하다"라고 하였다. 慧자는 빗자루를 잡고 청소를 하는 모습이다. 慧자는 心자에 彗자를 더하였으니 마음의 잡념을 쓸어 버려 생각이 민첩하고 지혜롭다는 뜻으로 해석할 수 있다.

《채근담》 도심편은 "마음이 흔들리면 활 그림자가 뱀으로 보인다"라고 하였다. '배중사영'(杯中蛇影)이라는 사자성구로도 알려진 이야기이다. 악광이라는 사람이 하남에서 벼슬을 할 때 손님이 찾아와 함께 술을 마셨다. 그런데 그 손님이 그 후로 걸음이 뜸하여 연유를 물으니, 악광과 술을 마실 때 잔 속에 뱀이 있었는데 술과 함께 뱀을 먹은 후에 병이 생겼다는 것이다. 악광이 집에 와 살펴보니 벽에 활이 걸린 것이 보였다. 손님을 다시 청하여 같은 자리에 앉히고 술잔을 주면서 물었다. "지금도 뱀이 보이시는가?" 손님이 대답하기를 "뱀이 있습니다"라고 하였다. 악광이 뱀이 아니라 벽에 걸린 활 그림자라 깨우치니, 손님은 비로소 깨닫고 그때로부터 병이 낫다는 이야기이다(晉書 : 樂廣傳). 잔 속에 비친 활 그림자의 아롱진 모습을 뱀으로 보고 병을 얻었던 것이다. 마음에 거리낌이 있으면 보고 생각하는 것이 바르지 못하게 된다. 慧자는 빗자루로 쓸 듯이 마음의 잡념을 쓸어 버릴 때 지혜롭게 된다는 것이다.

> "아무것도 염려하지 말고 다만 모든 일에 기도와 간구로, 너희 구할 것을 감사함으로 하나님께 아뢰라 그리하면 모든 지각에 뛰어난 하나님의 평강이 그리스도 예수 안에서 너희 마음과 생각을 지키시리라"(빌 4:6-7).

호(護)

篆文

호(護) : 일의 방법을 가르쳐 말하는 것이다.

護자는 '도울 호', '지킬 호'로 言+蒦(음)의 형성자이다. 《설문해자》는 "護는 구하고 살피는 것이다. 言을 따르며 蒦(획)은 소리이다"(護, 求視也. 从言, 蒦聲)라고 하였다. 蒦은 '잴(度) 약'자로 '획', '확'으로도 읽는다. 《설문해자》는 "蒦은 계획하고 헤아림이다. 손으로 萑(환)을 붙잡은 것을 따른다. 일설에 바쁘게 살피는 모습이라거나 헤아리는 것이라 한다"라고 하였다. 萑(환)은 '부엉이 환'자로 '익모초 추(萑)'와는 구별된다. 蒦의 又(우)는 손을 나타낸다. 즉, 蒦은 사람이 손으로 새를 잡고 있는 모습이다. 단옥재의 주석은 "대개 손으로 새를 잡으면 실수할까 두려워하여 그 처리할 것을 도모한다. 이것을 規蒦(규획)이라 한다"라고 하였다. 規蒦은 相談(상담)의 뜻이다.

《자통》은 蒦에 대하여 "蒦은 새(萑)를 손으로 잡고 있는 형태로 새로 점(占)을 치는 뜻이다. 기도를 하고 새의 상태를 살펴 점을 치며 보호하는 것을 말한다"라고 하였다. 한편 《자통》은 "隻(척)은 獲(획)의 초문으로서…새를 쏘아 풀 숲 사이에 떨어진 것을 찾는 데서 깊이 살펴야 한다는 뜻을 갖게 된 글자로, 그로부터 헤아리다, 법도의 뜻이 생겼다"라고 하였다.

《설문해자》는 "萑은 올빼미의 무리이다. 隹(추)를 따르고 머리에 뿔 모양의 깃털이 있다. 그 새가 울면 백성들에게 禍가 있다"라고 하였다. 《설문해자계전》은 "밤에 인가에 이르러 사람들이 버린 손톱을 모아 분별하여 보고는 吉凶을 안다. 凶한 자에게는 곧 우는데, 그런즉 그 집에 禍가 있다. 이에 사람들이 손톱을 문 안에 버린다"라고 하였다. 蒦은 손으로 새를 잡고 있는 형상이다. 손으로 새를 잡은 사람은 실수하여 새를 놓칠까 두려워하며 새를 살피며 처리할 방도를 계획하게 될 것이다. 그러므로 《설문해자》는 "계획하고 헤아림이다"라고 하였다. 護는 言에 蒦을 더하였다. 즉, 護는 상담하며 문제를 헤아릴 방법을 말하여 주는 데서 '돕다'는 뜻을 갖게 된 글자이다. 한유(字 : 퇴지)는 "세상에 백락이 있고 그런 다음에 천리마가 있다. 천리마는 항상 있지만 백락은 항상 있는 것이 아니다. 그러므로 비록 좋은 말이 있어도 노예의 손에서 욕을 당하며 마구간에서 다른 말과 나란히 죽게 되니 천리마라 불리지 못한다"라고 하였다 (《고문진보》잡설). 백락이 없으면 천리마도 없는 것이다. 인생에 '멘토'가 있어야 함이다.

> "너희의 구속자시요 이스라엘의 거룩하신 이이신 여호와께서 이르시되 나는 네게 유익하도록 가르치고 너를 마땅히 행할 길로 인도하는 네 하나님 여호와라"(사 48:17).

호(護)

확(確)

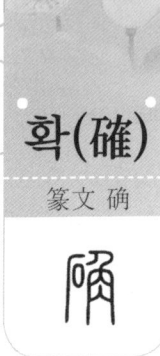
篆文 确

확(確) : 뜻이 굳은 새가 멀리 난다.

確은 '단단할 확'자로 石+雀(음)의 형성자이다. 雀은 '새높이날 확' 자이다. 《왕력고한어자전》은 "《설문》에는 確자가 없다", "確과 确(각 혹은 학)은 자원이 같은 글자이다"라고 하였다. 《설문해자》는 "确은 굳은 돌이다. 石을 따르고 角은 소리이다"(确, 磬石也. 从石, 角聲)라고 하였다. 确은 '자갈땅 각'자로 돌이 많은 땅을 말한다. 굳다는 뜻이다. 《상용자해》는 "雀의 형태는 날기를 바라는 새(隹) 위에 冂(경)을 더한 것을 나타낸다. 강하게 제지하는 것을 뜻한다. 雀에 石을 더하여 確을 구성하였다. 石은 단단한 물질로 돌을 이용하여 물체의 결실을 단단하게 하고 견고하게 한다. 이 때문에 確은 결실을 확실하게 하는 뜻이 있다"라고 하였다. 冂자는 '멀 경'자이다. 《자통》에서는 "冂은 경계의 형상이다…변경의 성채 등에 冂 형태의 방비를 설치하는 것으로 뒤에 먼 경계의 뜻이 되었다"라고 하였다. 《상용자해》와 《자통》은 저자가 동일하다. 《상용자해》는 冂을 먼 '국경의 경계'의 뜻으로 보았다.

《한자해형석의자전》은 冂을 '성읍 밖의 교외', 隹(추)를 '꼬리가 짧은 새로 풀면서 "먼 교외로 날아가고자 하는 것은 반드시 뜻이 높고 몸이 강건해야 한다"라고 하였다. 《한자해형석의자전》은 冂을 '교외'로 보았다. 冂을 국경으로 보든, 교외로 보든 '멀다'는 뜻은 같다. 雈은 冂+隹로 새(隹)가 날기 위하여 멀리(冂) 바라보는 형상이다. 멀리 날려면 뜻과 몸이 굳건해야 한다. 石에 雈을 더하여 돌이 단단하다는 뜻을 나타내고 확실하다는 뜻을 더하였다.

도연명은 "어린 나이부터 뜻을 세상일들 밖에 붙여, 마음을 거문고와 책에 맡겼다. 허름한 옷 걸치고도 스스로 기뻐하였으며, 늘 가난함에도 항상 태연하였다"(弱齡寄事外, 委懷在琴書. 被褐欣自得, 屢空常晏如)라고 하였다. 시의 제목은 "진군의 참모로 곡아를 지나며"이다. 도연명이 유유(劉裕)의 군사참모로 있을 때 지은 시이다. 비록 가난으로 벼슬을 찾았으나, 전원의 생활을 기억하며 시의 끝에는 "마침내는 반고가 살던 오두막으로 돌아가리라"고 한다. 결국 도연명은 "귀거래혜"(歸去來兮)를 외치며 전원으로 돌아간다. 뜻을 멀리 갖는 사람은 고난에도 의연할 수 있으니 뜻이 굳은 까닭이다.

"이 사람들은 다 믿음을 따라 죽었으며 약속을 받지 못하였으되 그것들을 멀리서 보고 환영하며 또 땅에서는 외국인과 나그네임을 증언하였으니 그들이 이같이 말하는 것은 자기들이 본향 찾는 자임을 나타냄이라"(히 11:13-14).

횡(橫)

篆文

橫

횡(橫) : 길에 가로 놓여 길을 막는 것이다.

橫자는 '가로 횡', '거스릴 횡'으로 木+黃(음)의 형성자이다.《설문해자》는 "橫은 문에 가로질러 출입을 차단하는 나무이다. 木을 따르고 黃은 소리이다"(橫, 闌木也. 从木, 黃聲)라고 하였다. 원문의 闌(란)자는 '막을 란', '난간 란'자이다. 단옥재의 주석은 "闌은 문을 막는 것이다. 발전하여 무릇 차단을 일컫게 되었다. 대개 나무로서 문을 막았다. 그것을 모두 橫이라 일컬었다"라고 하였다.《한자원류자전》은 "闌은 회의자 겸 형성자이다. 금문은 門과 柬을 따른다. 문 앞을 막는 나무 목책을 뜻한다"라고 하였다.《정중형음의종합대자전》은 "橫은 문을 막음으로써 가축의 이탈을 막는 나무이다. 그러므로 木을 따르고, 또 黃으로서 땅의 색깔을 본떠, 아래에 있다는 뜻을 함유하였다"라고 하였다.

《상용자해》는 "橫은 원래 문짝 위의 가로지른 나무를 가리킨다. 다만 종횡(縱橫)의 橫의 뜻으로 고쳐 사용하면서 '縱'이 순종의 뜻을 갖고, '橫'은 비뚤어짐, 방해, 방자의 뜻을 갖는다. 이 때문에 때로 비난의 뜻을 함유한다"라고 하였다. 橫자는 그것이 사람의 집이든, 가축의 우리이든 문을 막기 위해 문에 가로지른 나무를 가리키는 글자이다. 사람의 가는 길에 가로지른 나무가 있다면 걸림이 될 것이다. 이에 橫은 부정적인 뜻이 있다. 사람이 사고로 죽으면 橫死라 하고, 남의 돈을 불법으로 취하는 것을 橫領(횡령)이라 한다. 흔히 "횡재(橫財)하였다"라고 한다. 橫財는 뜻밖의 재물을 얻는 것을 말한다. 수고하지 않은 재물, 정당하지 않은 재물이 뜻밖의 재물일 것이다. 橫財는 인생의 걸림돌이 될 뿐이다. 그러므로 《명심보감》 성심편은 "소동파가 이르기를 이유 없이 많은 돈을 얻으면 큰 복이 아니라 반드시 큰 화가 있다"(蘇東坡云, 無故而得千金, 不有大福, 必有大禍)라고 하였다.

성경도 "망령되이 얻은 재물은 줄어가고 손으로 모은 것은 늘어가느니라"(잠 13:11)고 하였다. 손으로 모은 것, 즉 수고함으로 얻은 재물이 곧 福이라 함이다.

> "누가 현숙한 여인을 찾아 얻겠느냐 그의 값은 진주보다 더하니라…밭을 살펴보고 사며 자기의 손으로 번 것을 가지고 포도원을 일구며…자기의 집안 일을 보살피고 게을리 얻은 양식을 먹지 아니하나니 그의 자식들은 일어나 감사하며 그의 남편은 칭찬하기를 덕행 있는 여자가 많으나 그대는 모든 여자보다 뛰어나다 하느니라"(잠 31:10-29).

橫은 문에 가로질러 문을 막은 나무이다. 사람이 가는 길에 가로놓인 것이 있다면 좋은 것이 아니다.

희(喜)

| 甲骨 | 金文 | 篆文 |

희(喜) : 먹는 즐거움이다.

喜자는 '기뻐할 희'로 壴(주)+口의 회의자이다. 壴는 '악기이름 주'이다. 《설문해자》에서는 "喜는 즐거움이다. 壴를 따르며, 口를 따른다. 무릇 喜에 속한 것은 모두 喜를 따른다. 歖(희)는 고문의 喜자이다. 欠(흠)을 따르고 歡(환)과 더불어 같다"(喜, 樂也. 从壴, 从口. 凡喜之屬皆从喜. 歖, 古文喜从欠, 與歡同)라고 하였다. 喜자의 壴는 악기를, 口는 입을 뜻한다. 즉,《설문해자》는 喜자를 악기를 입으로 불며 즐거워하는 모습으로 해석한 것이다. 《상용자해》는 "壴와 口를 조합한 형태이다. 큰북 壴에 신을 향하여 기도하는 제기인 口를 더하여, 큰북을 두드리며 노래하여 춤추며 신을 숭배하는 의식을 거행하여, 신령으로 하여금 기쁨으로 충만하게 하는 것을 뜻한다"라고 하였다. 즉,《상용자해》는 喜를 신령이 제사를 받고 기뻐하는 것으로 보았다.

한편《왕력고한어자전》은 喜에 대하여 "饎(치)와 통하며 술과 밥이다"라고 하는 것을 볼 수 있다. 饎는 '주식 치'로 술과 밥을 말한다. 《강희자전》에서는 喜에 대하여 "饎와 더불어 같다"(與饎同)라고 하였다. 오늘날 잔치에 음식을 베푸는 자리를 喜筵(희연)이라 하며, 중국 식당의 이름으로 喜來(희래)가 종종 사용되는 것을 보면, 喜자가 음식과 연결된 기쁨이라는 설명을 수긍할 수 있다. 기쁨을 뜻하는 글자로 이 외에 '즐거울 樂(낙)', '기뻐할 歡(환)', '기쁠 悅(열)' 등이 있다. 樂자는 크고 작은 북을 대(臺) 위에 올려놓은 모습이다. 즉, 樂은 좋은 音樂을 듣고 기뻐하는 것이다.

歡자에 대하여 《왕력고한어자전》은 "악부시 중 남녀상애를 일컫는다"라고 하였다. 歡자에는 남녀상애의 뜻이 있다. 오늘날 유흥가를 歡樂街(환락가)라 하는 연유를 알 수가 있다. 兌(태)에 대해 《한자해형석의자전》은 "사람이 입을 열고 웃을 때를 나타내며 기쁨의 뜻이다"라고 하였다. 忄자에 기쁨을 나타내는 兌자를 더한 것이 悅자이다.

한편 說자는 '말씀 설', '기뻐할 열'로 새긴다. 兌, 悅, 說은 뿌리가 같은 글자이다. 言+兌이다. 기쁨이 있는 이야기이다. 《논어》의 "學而時習之不亦說乎"(학이시습지불역열호)에서는 說이 학문을 논하면서 얻는 기쁨을 말하고 있다. 오늘날 喜, 樂, 歡, 悅은 의미가 혼용되어 사용된다. 그러나 각각의 의미를 구별한다면 위와 같다. 사람이 기뻐하는 데는 좋은 음식도, 좋은 음악도, 사랑하는 사람도 필요하다. 그러나 무엇보다 진리를 깨닫는 기쁨이 클 것이다.

> "내가 주의 법도들을 작은 소리로 읊조리며 주의 길들에 주의하며 주의 율례들을 즐거워하며 주의 말씀을 잊지 아니하리이다"(시 119:15-16).

희(喜)

희(希)

篆文

希

희(希) : 직물의 짜임이 성근 것이다.

希자는 '바랄 희', '드물 희'로 爻(효)+巾(건)의 회의자이다. 《설문해자》에는 希자가 없다. 《정중형음의종합대자전》은 "갑문, 금문에는 希자가 없다. 소전의 希자는 爻(효)를 따르고 巾(건)을 따른다. 爻는 고대 여자의 눈을 가리던 망건(網巾)이다. 巾은 希가 巾에 속한 것임을 가리킨다. 대체로 칡 종류이다. 칡은 드물게 있는 식물이다. 그러므로 希의 본뜻은 寡(과)로 해석한다. 곧 '드물다'의 뜻이다"라고 하였다.

《상용자해》는 "希는 상형이다. 얇은 베의 형태이다. 상부의 爻는 직조의 방법을 표시하고, 하부의 巾은 마포(麻布)를 표시한다. 希의 원래의 뜻은 수량이 적은 것을 가리키며, 원래 얇은 비단의 날실과 씨실의 짜인 것이 대단히 성근 것을 뜻한다. 후에 이러한 뜻의 希는 稀로 쓰면서 希의 쓰임은 '희망'을 가리키는 뜻이 되었다. 이는 希의 발음이 覬(기), 幾(기), 冀(기)와 서로 가깝기 때문이다. 이들 모두 '기대'의 뜻이 있다. 希와 통용이 발생하면서 뜻이 변화한 것으로 생각된다"라고 하였다.

爻에 대하여 《설문해자》는 "爻는 교차하는 것이다. 易(괘)에서 卦의 六爻가 서로 뒤섞여 엇갈리는 것을 본뜬 것이다"라고 하였다. 六爻는 주역에서 한 괘에 속한 여섯 개의 가로 그은 획을 말한다(䷀). 《세설한자》는 爻를 "대개 직물의 무늬가 서로 교차하는 것을 본뜬 것이다"라고 하였다. 希자는 巾으로서 직물을 나타내면서 爻자로 직물이 교차하며 짜인 것을 나타낸 글자이다. 《정중형음의종합대자전》이 여자의 눈을 가리는 망건이라 하였으니, 면사포와 같은 베일의 모습으로 그 짠 것이 성글었을 것이다. 사람의 삶도 짜임이 촘촘할 때보다는 성글었을 때 바라는 것이 더 많을 것이다. '여치거각'(予齒去角)이라 한다. 이빨을 주면 뿔을 주지 않는다는 말이다. 한나라 동중서가 무제에게 올린 글에 "대저 하늘 또한 나누어 준 바가 있습니다. 이(齒)를 주는 자에게는 뿔(角)을 제거하고, 날개(翼)를 붙여 준 자에게는 다리(足)를 두 개만 주는 것이니, 이는 큰 것을 받은 자는 작은 것을 가질 수 없는 것입니다"(夫天亦有所分予, 予之齒者去其角, 傳其翼者兩其足, 是所受大者不得取小也, 漢書, 권56, 동중서전)라고 하였다. 사람은 모든 것을 가질 수는 없다. 내게 주어진 것이 하늘의 분복임을 알고 받은바 재능을 깨닫고 갈고 닦으면 거기에 희망이 있는 것이 아닐까?

> "하나님께서 지으신 모든 것이 선하매 감사함으로 받으면 버릴 것이 없나니 하나님의 말씀과 기도로 거룩하여짐이라"(딤전 4:4-5).

참고도서

許愼 撰, 段玉裁 注, 《說文解字注》臺北: 天工書局, 中華民國 85年(1996년).

許愼 撰, 《说文解字》北京: 中华书局, 1996.

郭璞 注, 《宋本爾雅》臺北: 藝文印書舘, 中華民國, 1977.

宋 陣彭年 等 重修, 《宋本廣韻》臺北: 黎明文化事業公司, 中華民國 94年.

淸 郝懿行 撰, 《爾雅義疏》北京: 中華書局, 2017.

許進雄, 《古文諧聲字根》臺北: 臺灣商務印書館, 1995.

許進雄 著, 洪熹 譯, 《중국고대사회》서울: 東文選, 2003.

高樹藩 編纂, 《正中形音義綜合大字典》臺北: 正中書局股份有限公司, 2008.

左民安, 《细说漢字》北京: 中信出版社, 2015.

白川靜, 《常用字解》蘇冰 译, 北京: 九州出版社, 2010(中文版).

白川靜, 《常用字解》東京: 平凡社, 2021(第二版).

白川靜, 《字統》東京: 平凡社, 2017(普及版).

白川靜, 《字訓》東京: 平凡社, 2020(普及版).

谷衍奎 編, 《汉字源流字典》北京: 語文出版社, 2010.

徐中舒 主編,《甲骨文字典》成都: 四川辞书出版社, 2016.

吳大澂, 丁佛言, 強運開 輯,《說文古籀補三種》北京: 中華書局出版, 2011.

林尹, 高明 主編,《中文大辭典》臺北: 中國文化大學出版部, 中華民國82年(普及本).

舒新城 主編,《辭海》北京: 中華書局出版, 1994.

王念孫 著,《廣雅疏証》北京: 中華書局出版, 2004.

王力 主編,《王力古漢語字典》北京: 中華書局出版, 2003.

商務印書館編輯部編,《辭源》河北三河市: 商務印書館, 2007.

徐鍇 撰,《說文解字繫傳》北京: 中華書局, 2017.

朱駿聲 撰,《說文通訓定聲》北京: 中華書局, 2016.

高鴻縉 編,《中國字例》臺北: 三民書局, 2008.

流沙河 著,《解字一百》北京: 新星出版社, 2015.

图解经典编辑部 编著,《图解说文解字画说汉字》北京: 北京联合出版公社出版, 2021.

吕景和 编著,《汉字解形释义字典》北京: 华语教学出版社, 2016.

人民教育出版社辞书研究中心 编,《汉字源流精解字典》北京: 人民教育出版社, 2020.

小川環樹 外 編,《角川新字源》東京: 角川書店, 1999.

湯可敬 撰,《說文解字今釋》上海: 上海古籍出版社, 2018.

王筠 撰,《說文解字句讀》北京: 中華書局, 2016.

桂馥 撰,《說文解字義證》北京: 中華書局, 1987.

汉语大字典编辑委员会,《漢語大字典》成都: 四川辭書出版社, 1993.

劉熙 撰,《釋名疏證補》北京: 中華書局, 2008.

汉语大字词典编纂处编,《漢語大辭典》上海: 上海辞书出版社, 2007(缩印本).

王筠 撰,《說文釋例》北京: 中華書局, 2011.

張玉書等 編,《康熙字典》台南: 大孚書局, 2002.

王弼 注,《周易正義》北京: 中國致公出版社, 2018.

李勳鐘 著,《漢字의 바른길 빠른길》서울: 一潮閣, 1997.

陳立 撰,《白虎通疏證》北京: 中華書局, 2019.

목회자가 쓴
한자풀이 100자 ②

1판 1쇄 인쇄 _ 2023년 7월 14일
1판 1쇄 발행 _ 2023년 7월 24일

지은이 _ 윤용주
펴낸이 _ 이형규
펴낸곳 _ 쿰란출판사

주소 _ 서울특별시 종로구 이화장길 6
편집부 _ 745-1007, 745-1301~2, 743-1300
영업부 _ 747-1004, FAX 745-8490
본사평생전화번호 _ 0502-756-1004
홈페이지 _ http://www.qumran.co.kr
E-mail _ qrbooks@gmail.com / qrbooks@daum.net
한글인터넷주소 _ 쿰란, 쿰란출판사
페이스북 _ www.facebook.com/qumranpeople
인스타그램 _ www.instagram.com/qrbooks
등록 _ 제1-670호(1988.2.27)
책임교열 _ 이주련·최진희

ⓒ 윤용주 2023 ISBN 979-11-6143-864-1 93230

책값은 뒤표지에 있습니다.
이 출판물은 저작권법에 의해 보호를 받는 저작물이므로 무단 복제할 수 없습니다.
파본(破本)은 구입처에서 교환해 드립니다.